New window 新視野208

樂得跟狗一樣！瀟灑姊露西的狗哲學，人類也受用

LESSONS from LUCY
The Simple Joys of an Old, Happy Dog

by
Dave Barry
大衛·貝瑞

高寶書版集團

露西駕到

露西的狗哲理 1

目錄

contents

露西的狗哲理 2

露西的狗哲理 3

目錄

contents

露西駕到

隨遇而安，享受當下

天塌下來也不比散步撒尿更重要！

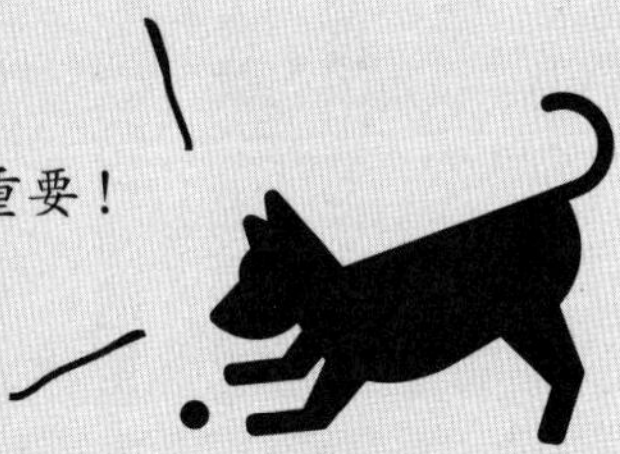

我從小就愛狗。小時候，我們家裡養了一隻貴賓狗，名叫密斯托。密斯托來自法文 Mistral，意思是寒冷的西北風。這名字不是我們取的，我們家裡從來沒有人去過法國。我們是那種會給狗取名「小剋星」的人。密斯托這名字是前一任主人取的。前任主人家境富有，但是無法再留著密斯托，因此把密斯托送給我們。密斯托剛到我們家時，是隻養尊處優、足不出戶的狗。專業的貴賓狗造型，全身一團團荒謬的毛球，連在頭上也有一個。我覺得密斯托一定為自己的外表感到羞愧，就好像是去參加一個邀請函上明明說要「滑稽打扮」的狗派對，結果牠是唯一一隻真的打扮滑稽的狗。

但是來到貝瑞家後，牠每天跟我們小孩子扭打、在屋後的樹林和沼澤亂跑，沒有人再給牠梳理毛髮，更別說專業造型了。過了一段時間後，原來是溫室花朵的牠，變成了一隻活蹦亂跳、嘴流口水、愛蹭人腳、自由放養的美國狗，毛髮骯髒蓬亂，如果從裡面長出黃豆，恐怕都不足為奇。

專吃火星人腦袋的勇猛貴賓

我跟密斯托的關係特別親密，因為每天晚餐我都在桌下偷偷餵牠吃東西。我小的時候很挑食，唯一愛吃的就是香草冰淇淋和番茄醬。[1]但是我們貝瑞家的小孩要吃完盤子裡的東西才能下桌，所以囉，每次我媽煮球芽甘藍我就很頭大。我媽其實是個很善良的人，但總是時不時煮個球芽甘藍——你們知道嗎？根據研究顯示，**球芽甘藍其實是火星人胚胎被砍下來的頭！**這我可吃不下去，連看都無法看一眼。家裡其他人會若無其事地吃完晚餐，然後去客廳裡，在那個鑲著實木櫃子、十一英寸、黑白畫面、超低畫質的電視前面看《荒野大鏢客》，我則困在餐桌邊，瞪著眼前那盤冷冰冰、黏兮兮的外星人綠色球狀體，簡直就像被虐待的小孩，只能慢慢餓死……

貝瑞的鏡外音

❶ 不過很少兩個一起吃啦！

密斯托來到我們家後，情況改變了。吃晚餐時，牠會躺在桌下、我的腳邊，吞下所有我塞給牠的東西——魚、肉、麵條、有時還有餐巾紙，甚至是蔬菜，球芽甘藍也不例外。那個時代有個電視影集叫做《靈犬萊西》，裡面那個叫做提姆的小男生——恕我直言，這小男生真的很白痴——要不就是摔進水井，要不就是掉進流沙，不然就是陷入其他各式各樣的危險處境，每星期一次，毫無例外。然後他忠實的牧羊犬萊西會衝回他們的農場，對著提姆的爸媽狂吠——這兩人也不是多聰明[2]——最後好不容易（怎麼了？萊西？妳肚子餓了嗎？），兩人終於理解了萊西的意思，儘管同樣的狀況**每星期**都會發生。然後他們會去救出提姆，最後大家會稱讚萊西有多聰明、多勇敢。

我覺得密斯托更勇敢。隨便哪隻狗都會亂跑亂叫，但是萊西有吃過提姆的球芽甘藍嗎？

貝瑞的鏡外音

❷比如說，後來提姆被一個長相完全不同的小男生「傑夫」替換掉，兩人都沒注意到。

所以囉，我從小就愛狗。繼密斯托之後，我們家裡又養了一隻狗叫赫比。赫比是混種，是德國牧羊犬跟航空母艦的混血。牠非常**巨大**，幸好牠也很熱情，但是不知道牠其實很溫馴的人，有時候會被牠過剩的精力嚇到。

「赫比！」我們常常在喊，「**立刻**把送貨員放下來！」

然後通常牠會乖乖把送貨員放下來。**真乖！**

消失的紗窗與始終如一的狗

成年後，我養過好幾隻狗，每一隻狗都獨一無二，都是最好的狗。有一陣子我甚至還同時養兩隻狗：一隻主要的大狗，名叫歐內斯特，另一隻緊急情況可當候補的小狗，名叫茲比。我曾以這兩隻狗為主題寫過不少專欄，大意不外是：「這兩隻狗不是世界上最聰明的狗。」

就舉早上出去散步為例好了。這對狗來說可是天大的要事，因為這是到處亂跑、四處嗅聞的機會，好確定別的狗是不是已經撒過尿，如果有，那就得直接在上面再撒泡尿。世界上每一隻狗都在無止無休地與世界上其他的狗競爭撒尿的地盤，這個責任艱鉅無比。

我會分兩個階段帶歐內斯特和茲比出門。第一階段，我會打開通往院子的後門。我家的露臺有用紗窗整個圍起來，這在佛羅里達南部很重要，否則成群的蚊子會占據露臺裡的家具。歐內斯特和茲比會從後門直接衝到紗門前，焦急地等著第二階段，也就是等我打開紗門，讓他們跑出去執行撒尿任務。

我採用這個兩階段的做法好幾年了，歐內斯特和茲比都習以為常。然而一九九二年，安德魯颶風來襲，把露臺的紗窗全吹走了。

只剩紗門還站在那裡。

只有紗門，裝在門框裡，孤單單地站在露臺的一角，旁邊什麼都沒有。

那你知道早上要出門散步時，面對這個新狀況，歐內斯特和茲比是什麼反應嗎？如果你有養狗，大概已經猜到了。沒錯，我打開後門，只見牠倆衝到紗門前——還記得嗎？我說過紗門旁邊什麼都沒有了——然後**站在那裡等我去開紗門**。是真的！過了好幾個星期牠們才了解不再需要分兩個階段就能出門。

太空裡的狗衛星

歐內斯特和茲比為我帶來不少歡樂。牠們是諧星二人組，有點像美國早期脫口秀明星艾伯特（Abbott）和柯斯特洛（Costello）的低智商版。我在家裡工作時，牠們偶爾會一個在書房門的裡側、一個在書房門的外側躺下來打盹──歐內斯特通常在門裡陪著我，茲比則在門外走廊上。我在電腦鍵盤上打字，牠倆就安安靜靜地躺在那裡，有時候一躺就是好幾個小時。

然後突然，牠倆其中一隻會莫名其妙地驚醒。狗就是會這樣：之前還睡得又香又甜，接著不知為何忽地就跳起來狂吠。我的理論是太空裡有一個「狗衛星」，這狗衛星環繞地球運行，發出只有狗能聽到的訊號。總之，其中一隻狗，通常是歐內斯特，在衛星經過我家上空時會聽到訊號，然後開始狂吠。門外的茲比被牠的叫聲吵醒，以為歐內斯特正在對著什麼重要的東西狂吠，於是也開始跟著狂吠，還跳起來抓門，想開門進來跟歐內斯特一起狂吠。聽到茲比在抓門，歐內斯特又會以為茲比正在對著什麼重要的東西狂吠，然後牠（歐內斯特是母狗）也會開始跳起來去抓門，讓茲比聽了**更**激動。

結果牠倆越來越興奮、越來越激動地去撞門，說好聽是警覺，說實話是愚笨。直到我起身去開門，牠倆才會停下來。門一開，歐內斯特便會狂吠著衝出書房，茲比則會狂吠著衝進書房。牠倆最後得出結論：其實沒有任何威脅存在，或是他們已將威脅嚇走。然後我關上門，牠倆又在門的兩側躺下來打盹，書房裡又恢復一片寂靜，直到狗衛星下一次經過我家上空。

拜託讓我們養狗，拜託！

歐內斯特和茲比並非天才，但牠倆是好狗，所以後來因為離婚失去牠倆的監護權讓我很難過。之後我便進入一段無狗期，整整十年。再婚後，我一再嘗試說服蜜雪兒讓我養狗，但她從來沒養過狗，而且堅決反對養狗。她覺得狗又臭又髒，只會狂吠、流口水、咬壞東西、跳到人身上、在院子裡到處大小便。

全都沒錯。

「但是狗很熱情，」我辯駁道，「是最理想的伴侶了。」

蜜雪兒則回答，她寧可選擇不會為了顯示熱情而突然把口鼻撞進胯下的人。

「但是狗很**好玩**。」我繼續辯駁。為了證明狗有多好玩，我還跟她講了一個故事（真實經歷）：我小時候認識一隻狗叫做布模。有一次，牠跟著主人開車出門，看到另外一隻狗，就立刻從車窗跳了出去，完全不顧車子當時正以高速行駛！結果布模摔斷了好幾根重要的骨頭。牠戴了好長一段時間的石膏，復原的過程緩慢而艱辛。最後石膏終於拆掉了，沒過多久，牠又跟著主人開車出門，好巧不巧，又看到一隻狗，然後牠毫不猶豫地**又從車窗跳出去**。

「這有什麼好笑？」蜜雪兒問。

「因為牠**又**跳出去啦！」我說。

「飼主為什麼讓車窗開著？」蜜雪兒又問。

「飼主沒想到牠又會跳出去啊！」我說，「結果牠還真跳出去了！哈哈哈！」

這番說詞無法說服蜜雪兒讓我養狗，所以我們一直沒養，我以為我們永遠都不會養狗了。

然後我們的女兒蘇菲出生了。蘇菲從小就愛動物，所有的動物，而且動物也愛她。她似乎散發出一種特質，讓動物不由自主想親近。蝴蝶——我是說真的——會停在她的手上或頭髮上，一動不動**待**在那裡。貓咪會走過來磨蹭她，發出滿意的呼嚕聲。我們有一次在哥斯大黎加的雨林裡，看到一隻小鹿站在小徑不遠處，長得就跟斑比一樣，只不過比斑比更可愛。一群遊客聚集在那裡，邊照相邊讚嘆，結果那隻小鹿不但沒跑走，還踏出樹林，一路走向蘇菲，開始**舔她的臉**。千真萬確，我有照片為證！

蘇菲當然也愛狗。她還小的時候，會搖搖擺擺地走向每一隻狗，甚至是大型狗，然後張開雙臂開心地擁抱牠們。狗兒則會邊搖尾巴邊舔她；如果我沒阻止的話，這些狗恐怕還會把她叼走，當成小狗養大！

所以囉，現在我有盟友了。蜜雪兒總是會聽到一個無止無休的聲音苦苦哀求：「**拜託**讓我們養狗吧？拜託拜託**拜託**？」還伴隨著嘟嘴巴和生悶氣，有時再加上啜泣和尖叫，或者躺在地上拳打腳踢。

以上其實全是我做的。蘇菲在這方面成熟多了，但是顯然她也很想養隻狗。蜜雪兒試圖用熱帶魚作為折衷的選擇，但是魚根本無法像狗一樣察覺你的情緒，並做出反應，例如說：

你的情緒狀態	魚的反應	狗的反應
快樂	游來游去	舔你
悲傷	游來游去	舔你
害怕（因為持槍強盜闖進你家，還把你捆起來）	游來游去	舔強盜

於是蘇菲和我繼續努力說服蜜雪兒。終於，一天傍晚在一家壽司店裡，八成是在綠茶的作用下，蜜雪兒讓步了：「好吧，就讓你們養狗。」蘇菲和我高興得差點把筷子都折斷了。

天底下最可愛的地獄惡魔狗

當天晚上我們便開始尋找。我們想從收容所領養一隻狗，於是找了幾個動物收容所的網站，瀏覽每隻狗的照片和簡介。其中有幾隻是很可愛的幼犬，蜜雪兒和我以為蘇菲會想要一隻這樣的小狗，但是她中意的那隻狗，從照片上根本看不出是狗。因為那是一隻黑狗，而照片的畫質很差，唯一能看清楚的只有狗的眼睛反射著相機的閃光，所以整張照片基本上就是兩個發光的眼球，周圍一團黑，看起來像是地獄來的惡魔狗。

這隻六個月大的母狗幾個月前在佛羅里達的米拉馬爾被人發現流落街頭，同行的還有另外一隻狗。兩隻狗都沒有項圈、沒有名牌，沒有任何身分識別，顯然是被人遺棄。收容所「你的寵物」將牠們分別命名為巴黎與摩納哥，沒有特殊涵義，就只是為了有個名字。蘇菲中意的是摩納哥。照片下的簡介說：「天底下最可愛的狗！」還有牠從來不會去搶其他狗狗碗裡的食物。

蜜雪兒跟我不斷找出其他可愛的小狗，但蘇菲總是回到摩納哥那雙來自地獄的發光眼球。我們問她是否確定真的想要養這隻狗。

「上面說牠是天底下最可愛的狗。」她回答。

我們跟收容所約了時間去看摩納哥。我們想確定摩納哥跟小孩子處得來，於是把蘇菲的好朋友史黛拉也一起帶去。到達收容所後，一位志工用狗鏈把摩納哥牽了出來。摩納哥還勉強算是幼犬，不久就會長成一隻身強力壯的大型犬。牠一見到有玩伴就興奮不已，開始猛搖尾巴，把志工一路拖到蘇菲和史黛拉面前——我看牠大概連火車都拉得動——然後兩人一狗立刻在草地上開心地打滾嬉戲，摩納哥一會兒用舌頭去舔兩個小女生，一會兒躺在地上、四肢朝天，任由蘇菲和史黛拉爬到牠身上。

「看來牠跟小孩子很處得來。」我對蜜雪兒說。

理論上，我們應該等到這次會面結束，才決定要不要收養摩納哥。但其實蘇菲與摩納哥目光相交的那一刻，我們就已做出決定。於是我們終於有了一隻狗，蘇菲為牠重新取名為露西。

露西很快就適應了新家的環境，狗都是這樣，只有一樣例外：相簿。我們有很多相簿；每次出門度假回來，蜜雪兒都會做一本相簿。我不知道為什麼露西跟這些相簿不對盤，也許在幾百萬年前，露西的祖先曾被遠古相簿攻擊過。當時的相簿比今日的體積更大、更凶惡。無論如何，露西沒有忘記這段歷史，所以牠剛到家裡的頭幾個月，我們有好幾次回到家發現其中一本相簿被咬得支離破碎，滿地都是我們笑容滿面、慘遭斬首的度假臉孔。

每次發生這種事，我們就會對露西動之以情、說之以理（「不可以！不可以！」等等），然後牠會乖個好幾天。但是不久之後，我們的其中一本相簿又會不知道說了什麼或做了什麼激怒牠，然後珍貴的度假回憶就會化為一堆紙屑。

直到有一天，露西終於跟我們的相簿和解，變成一隻乖狗——除了客廳沙發這檔事。

蜜雪兒與露西的沙發攻防戰

客廳裡那張並不便宜的沙發是白色的，露西則是黑色的，而且露西很會掉毛，就像一朵低壓的雨雲，不斷下著黑色的毛毛雨。

新沙發剛送到時，我太太蜜雪兒告訴露西：牠不能到沙發上。方法就是用手指著沙發，然後以命令的口氣重複說：「**不可以！**」大約三、四十遍。「不可以」是露西絕對聽得懂的八個詞之一，其他七個分別是：

露西
散步
撿球
雞肉
餅乾
坐下
布巴

「布巴」是我的丈母娘，西莉亞．克夫曼。每次來拜訪我們，她都會給露西一塊狗餅乾（**餅乾**）。只要跟露西說：「布巴要來了！」牠就會跑到窗口望著街上，等著布巴到來。牠會耐心等待，不論要等多久——即使真的等上好幾天，牠恐怕也不會抱怨——因為牠知道布巴最後一定會出現，給牠餅乾吃。布巴因此成為露西最喜歡的人，就跟地球上其他所有人一樣。

回到白沙發的話題：沙發送達的第一晚，我們準備上床睡覺前，蜜雪兒再次提醒露西我們就沙發訂下的官方政策，也就是用手指著沙發，重複說：「不可以！」大約三、四十遍。露西專心地聆聽，同時一臉認真地看著蜜雪兒。毫無疑問，牠一定聽懂了蜜雪兒的意思（特別是「**不可以**」）。

然而，第二天早晨，我們發現沙發有坐過的痕跡，而所有的證據都指向一個嫌疑犯，你大概已經猜到牠的名字了：布巴。

當然不是，所有的證據都指向露西。

物證A：沙發上有七千萬根小黑毛。

物證B：所有小黑毛集結成箭頭的形狀，指向露西。

物證C：顯然剛剛才從沙發上跳下來的露西趴在地上，低著頭不敢看人，而這一向是牠想假裝自己不存在所採用的策略。

於是蜜雪兒又花了點時間跟露西曉以大義（「**不可以！**」、「**不可以！**」、

「**不可以！**」……），然後悉心清理掉所有的黑毛。那天晚上，她又跟露西解釋了我們訂下的官方政策，以防萬一還用茶几跟椅子圍住沙發，但這樣還是無法阻止露西在沙發上過夜——畢竟只要牠有心，就可以跳到八公尺高。

沙發大戰從此展開，我們度過了一段痛苦的時光。從不輕易放棄的蜜雪兒每天晚上會教訓露西、圍起沙發，然而每天早上起床後，我們會發現沙發上都是毛，露西則趴在地上，像塊充滿愧疚的黑色地毯。家裡的氣氛緊繃起來，我開玩笑說可以把露西染成白色，試圖緩和氣氛，但蜜雪兒不領情。

幸好，在被逼到採取極端手段之前——比如說在沙發周圍築起一道牆，然後強迫墨西哥政府支付築牆的費用，或者雇用一隻狗去守衛沙發不被我們的狗占用——我們就找到解決的辦法了。我們不再用家具圍起沙發，而是在上床睡覺前，擺幾個小型電器在沙發上。露西對所有牽涉到電的東西都極度不信任，我不知道為什麼，說不定電有臭味。我只知道，如果你在露西跑向你的時候用手機對著牠，牠會立刻煞車，一臉緊張地往後退，彷彿你手上拿著的是響尾蛇，或者狗狗洗毛精——這更恐怖，因為表示洗澡時間到了。

於是每晚上床睡覺前，蜜雪兒會把各式各樣的小型電器——吉他調音器、遙控器等等——擺在沙發上。這個做法非常有效，每天早上沙發就跟青蛙的肚子一樣一根毛都沒有。我猜露西夜間仍不時跑去客廳巡邏，看看沙發上的狀況有無改變，但是發現上面的電器仍堅守崗位，只好撤退。我常想像如果露西靠太近，吉他調音器會發出一個低頻但清晰的電子聲響，說道：「**不可以！**」

所以我們贏了這場戰役，但我沒那麼天真，我知道沙發戰爭並沒有結束。如果哪天晚上蜜雪兒忘記在沙發上擺電器，露西又會回到沙發上。因為牠也不是那種會輕易放棄的狗，而且我確定，對於該在哪裡睡覺，牠一直沒有改變自己的看法。

除此之外，露西一直是最棒的狗——就跟大部分的狗一樣。儘管在睡覺地點的安排上見解不同，牠還是將蜜雪兒從一個認為狗既不衛生又惹人厭的人，轉變成一個自願讓狗熱情地去舔她的臉的人——儘管這隻狗幾分鐘前可能還對自己的臀部進行過深入研究、或是咀嚼過其他狗的糞便。

露西甚至贏得了蜜雪兒的母親布巴的芳心。布巴不是容易心軟的人，但露西總是專心聆聽她詠唱傳統的西班牙和意第緒語歌曲[3]，最終贏得了她的歡心。布巴唱歌時，牠會一動也不動地坐著，深情地望著布巴，彷彿深深被她的歌聲所感動。其實牠心裡大概在想：**這是會給我餅乾的人！說不定她等一下就會給我餅乾！**但是不管露西在想什麼，布巴仍然愛牠。

天塌下來也照樣快樂的露西

露西是我們家的一分子，就跟大部分的狗最終會變成家裡的一分子一樣。牠總是在我們身邊，是家裡的精神支柱。牠跟著我們從一個房間走到另一個房間，看我們待在哪裡，牠就待在那裡。我們喊牠的名字或彎腰去拍牠時，牠會開心地用尾巴敲地板。我們要出門時，牠會跟著我們走到門口，看著我們離

貝瑞的鏡外音

❸ 蜜雪兒的家人是猶太裔古巴籍。他們並非坐著木筏從古巴來到美國，而是把加勒比海分開！

開，有些傷心，但並不會抗議。等我們回家時，牠早已在門口等著，無論我們是出門五分鐘或五小時，牠都會開心地迎接我們。牠**總是**很高興見到我們，**總是**很高興有人去拍拍牠、摸摸牠，**總是**很興奮能夠出門散步，**總是**。牠時時刻刻都是隻快樂的狗——除了我們要出門或是要給牠洗澡。

漸漸地，牠變成了一隻年老的狗。露西今年十歲了，過去黝黑的臉，現在幾乎全白，而且臉頰的皮肉鬆弛下垂，使牠看起來總是一臉憂慮。

我們愛露西的臉，但並非每個人都看得到露西的特質。最近有一次，蜜雪兒跟我早上帶露西出門散步，遇到一位女士牽著一隻毛髮整潔、雙耳尖挺、顯然是名種的狗在散步。

我：這是什麼狗？

女士：比利時狼犬。

我：真漂亮。

女士：謝謝！（然後看看露西）再見！

但是我們一點都不在乎別人怎麼想。我們覺得露西很美，內心與外表皆然。尤其是內心。我無意聽起來像加州人，但是狗真的有靈性。如果你養過狗，一定知道我的意思；看著狗的眼睛時，你就會感覺到。狗不是人，但也不是軟體動物。露西是**重要的存在**。牠有感覺、有心情、有態度；牠會興奮、難過、害怕、寂寞、好奇、無聊、生氣、調皮、任性。

但大多時候，牠都很快樂。現在牠睡覺睡得比以前多，動作也比以前慢一點，但是牠感到快樂的能力、對於生命的熱忱似乎一點也沒有隨著年紀增長而減少。蜜雪兒跟我常常對於露西總是如此快樂感到讚嘆不已，尤其是跟我們自己相比。我們也知道，只要別鑽牛角尖、從大處著眼，就可以感到快樂：我們非常幸運，生活富裕。但我們總是在看瑣碎的小事，全都是惱人的雜事、義務和煩惱：截稿日期、帳單、看醫師、購物、複雜到不行的拼車時間表、屋頂漏水、汽車輪胎漏氣（而且不能跟需要換油的那輛車搞混）、廚房裡的臭味（希望不要像上次一樣是牆壁裡有隻死老鼠）等等。如果我們把眼光放遠，通常真的值得擔憂的是：疾病、變老、死亡、政治、經濟、恐怖主義，以及一度輝煌燦爛的美國報業衰退成失控的大型推特帳號。

總之，人類花很多時間去思考令我們緊張煩惱或悶悶不樂的事情，但是露西從來不會去想這些。有時候工作到一半，我會停下敲鍵盤的手看看呈大字形躺在我腳邊的牠，發出極大的鼾聲，偶爾還放個屁，一點都不擔心牠的事業、未來，或者誰是總統，只要這總統不會來幫牠洗澡……

我真羨慕露西能夠無憂無慮。有一次，我收到美國國稅局的來信，信上說不久就會來查我的帳目，要我準備好從中學以來所有的財務相關資料。我完全慌掉了！幾週以來我腦子裡只想著那封信，換成是露西的話，牠恐怕只會聞聞這封信，確認有沒有其他狗在上面撒過尿。如果有，牠就會在上面也撒泡尿，僅此而已。如果國稅局派武裝特務來拘捕牠，牠會很興奮有人來陪牠玩，開心地在門口迎接這些特務，在他們身上又嗅又舔的，然後去把牠那個壓了會吱吱響的玩具叼過來，然後吱嘎吱嘎地邊咬玩具邊四處跑，要人去追牠、把玩具搶過來。如果國稅局要把牠關進監獄，牠會開心地跟著去。牠會享受坐車兜風的滋味；會熱情地招呼和舔拭監獄守衛；興奮地大口吸進監獄裡陌生的尿味。

牠不會老想著自己在監獄裡，牠會接受現況，無論這個現況將持續一天或一輩子；牠會隨遇而安，享受當下。

這就是露西的做法：**隨遇而安，享受當下**。在這方面牠比我高明多了。我知道的事情比牠多，但是牠知道一件我不知道的事情：如何過得快樂。

而這就是本書的起源。這本書基本上就是在講述我試圖去了解露西何以如此快樂，並探討是不是可以仿效牠的做法，讓我也活得更快樂。因為——一點都不誇張——我剩下的時間不多了。我七十歲了，如果換算成狗的年齡，就跟露西一樣了，我跟牠都老了。如果人生是一場美式足球賽，那麼我們正處於第四節的最後兩分鐘警告；如果人生是一場電影，那現在片尾名單已經快播完了，差不多到助理沙鼠養護員的後面了；如果人生是一包洋芋片，那我們正把袋口倒過來，把最後的渣渣倒進嘴裡。

換句話說，人生的終點不遠了。無論我還剩下多少時間，我想要活得快樂，而我希望年老了仍如此快樂的露西能夠教會我這一點。我當然不是說我要去模仿牠的行為，比如說，要我去舔美國國稅局的稽查員，恐怕就太誇張了——**不過我在此鄭重聲明：如果有助於查稅，我絕對不排斥！**

我真的很想學會露西的「狗生」智慧。

無論我還剩下多少時間，我都想要隨遇而安，享受當下。

我也想要快樂地變老。

露西的狗哲理 1

結交新朋友，維繫老朋友

但請不要用「小便裡的蘆筍味」
當開場白，謝謝！

很多人問露西是什麼狗，但我們不知道。我們猜牠可能有一些拉布拉多的成分，因為拉布拉多是超級友善的狗，不管遇到什麼都先上了再說。英國皇室家族裡大概也有拉布拉多的基因……

超級無敵國際混血狗

露西外表還真有點像拉布拉多，但是跟純種的拉布拉多還是有些差別。牠是隻大型、強壯、短毛、長尾、耳朵下垂的狗。臉上的毛變白之前，整身都是黑的，只在脖子和腳掌上有些白斑。

經過多年的瞎猜之後，我決定去查出露西到底是什麼狗。我跟一家名為「智慧小組」的公司訂購了一套基因檢測工具。這家公司的口號是「**狗不會說話，但是狗的DNA會說話**」。我在此鄭重聲明，這根本是胡說八道：露西會說話！如果我們早上睡到七點十四分還沒起床（週末也不例外），露西就會衝進我們的臥室，用腳掌扒我們的床，說道：「起床啦！該餵我吃早餐啦！然後帶我去外面撒好幾泡尿啦！」牠的聲音聽起來像是「啊……喔……喏」，但是毫無疑問，牠的意思就是如此。

總之，DNA 檢測工具基本上就是兩根棉花棒。根據說明書，我把兩根棉花棒在露西的口腔裡抹了抹，然後寄回給「智慧小組」公司進行 DNA 分析。你大概也聽過 DNA 是「去氧然後某某醣接著什麼酸」，每一個罪犯的每一個細胞裡都含有這個分子，所以罪犯總是會在犯罪現場留下一些樣本。所有植物和動物也都有 DNA，唯一的例外是瑪丹娜，她把她的 DNA 都用手術取出了，好青春永駐。

大約一個月後，「智慧小組」公司把露西的 DNA 檢測結果寄來了：

恭喜你！

露西是拳師狗、大麥町、鬆獅犬和黃金獵犬的混血。

根據分析，露西的父母親有一方是拳師狗，另一方則是一半的大麥町、四分之一的鬆獅犬和四分之一的黃金獵犬。因此露西是二分之一的拳師狗、四分之一的大麥町、八分之一的鬆獅犬和八分之一的黃金獵犬。用狗隻繁育者的專業術語來說：露西是一隻拳師大麥町鬆獅獵犬。

查了露西的 DNA 之後，我決定也給自己檢測一番。我找到一間名為「我的二十三」的公司。這間公司之所以取這個名字，是因為每個人都有二十三對染色體。這小到肉眼看不見的生化構造，決定了人的各種特徵，像是頭髮的顏色、眼睛的顏色、鞋子的顏色、星座、喜歡坐走道或窗口、喝了幾杯酒之後才有膽子去跳小雞舞等等。

把 DNA 寄給「我的二十三」的方式說實話有點噁心：你要把口水吐進一個試管裡。試管上有一條橫線，吐進的口水要到達橫線才足夠。我以前不知道口水裡也有 DNA，但顯然是有，要不就是「我的二十三」精心策劃出這個詭計，從試管上的指紋取得你的 DNA，然後為了某種變態的原因同時收集大量的人類唾液。也許他們需要大量的唾液來裝滿「我的二十三」總公司的華麗噴泉吧；或者他們可能有某種古怪的儀式，要全身脫光泡進一缸唾液裡。我不知道，但我拒絕就「我的二十三」的變態行為進行沒有根據的憑空猜測。

小便裡的蘆筍味

口水寄去幾個星期後，他們把檢測結果寄給我了。其中最主要的發現——著實令人意外——就是我的生父其實是美國富豪，股神巴菲特。

當然不是，別聽我胡說！不過既然我在本書裡提到了巴菲特，禮尚往來，如果他在遺囑裡提到我，我也不介意啦。

「我的二十三」檢測報告裡實際上是說，我的祖先百分之九九．九源於歐洲——百分之六八．四源自英國與愛爾蘭、百分之八．五源自法國與德國、百分之四．七源自北歐地區、百分之十六．九源自西北歐大區域、百分之一．四源自歐洲其他部分，剩下的百分之〇．一源自西非和大洋洲。所以從基因組成來看，我基本上就是個白人。在這個豐富、辛香、口味繁多、極度美味的人類雜燴裡，我就猶如一茶匙香草。

其實這結果也在預料之中，因為我的父母親都是來自中西部的北歐裔美國人。儘管如此，我仍暗暗希望檢測結果會揭露出一些異國成分，像是印第安切羅基族、南非祖魯族、鬆獅犬、山達基教教徒等，**什麼都好**，但是天不從人願。我的檢測報告裡最有趣的一句話大概就是（真的，我沒胡謅！）：「大衛，你可能會在你的尿液中聞到蘆筍代謝物的味道。」

報告裡說機率為百分之七十八，而我真的可以聞到這個特別的味道。顯然這也是基因決定的，「我的二十三」工作人員似乎還覺得這個結果很有趣，他們寫道：「研究顯示世界上某些地區的大多數人可以聞到這個味道，其他地區的大多數人則聞不到。」

如果世界上有某些地方的大多數人都無法聞到尿液裡蘆筍代謝物的味道，那我不確定是否還想住在這個世界裡。

總之，我的祖先幾乎全來自這星球上一個極小的區域，露西的祖先則遍布世界各地：黃金獵犬源自於蘇格蘭；拳師狗源自於德國；大麥町源自於達爾馬提亞（達爾馬提亞位於克羅埃西亞，身為美國人的我，大概一百萬年後也無法在地圖上指出克羅埃西亞，但是克羅埃西亞聽起來很有異國風情）；鬆獅犬則源自於中國。我不知道露西的基因組成是否跟牠個性如此外向友善有關，總之，牠就是這樣的性格。儘管幼時被人遺棄街頭，而且在街頭流浪的那段日子大概還經歷過一些不愉快的事，但牠依舊不怕陌生人，或陌生狗。牠決定要把愛四處散播，而且牠總是在交新朋友。

獻給殺蟲人員的口水洗禮

每個人都愛露西，要不愛牠很難——牠會跟每個訪客打招呼。無論之前是否見過面，牠都會搖著尾巴跑過去，開心地全身抖動表達牠的愛意。舉個例子好了，每次殺蟲人員來家裡，牠都欣喜若狂。佛羅里達南部地區家家戶戶都有請殺蟲人員，每個月會固定來家裡噴一次會致癌的毒藥，這是一場人類與「棕櫚甲蟲」之間無止無休的大戰——棕櫚甲蟲是一種**體積跟成年松鼠一樣大的蟑螂**。若沒了殺蟲人員堅持不懈的對抗，佛羅里達南部幾個小時之內就會被棕櫚甲蟲淹沒。

殺蟲人員是露西最好的朋友。牠會跟著他從一個房間走到另一個房間，殺蟲人員隨時需要被舔拭，而牠會毫不猶豫地立刻幫忙。牠對我們家裡所有的訪客都是如此；每個訪客都是牠最好的朋友。出門散步撒尿時，牠對路上遇到的每個人也是如此。牠有很多很多最好的朋友，牠每個人都愛，而牠也假設每個人都愛牠，而牠幾乎沒有錯過。

當然啦，不是所有的狗都如此。有些狗似乎什麼人都不喜歡，這種通常是超級迷你狗，需要特別裝狗狗的皮包來運輸，因為如果把牠們放到地上，就可能會被蜘蛛抬走。牠們時時刻刻都需要主人關注，實在非常煩人——我指的是主人很煩人。可是他們的狗更糟糕，老是在狂吠，彷彿牠們是動物世界裡的狠角色，但其實只是一種長著毛的原生動物！

大型狗通常比較友善，露西就屬於大型狗。牠光是拉出的便便體積就跟約克夏一樣大了。牠是淨重三十五公斤、純真無盡的熱情，一個威力強大、專攻胯下的愛的導彈。

四年級屁孩的社交恐懼症

我不像露西那麼愛交際，儘管在一個溫馨互助的家庭裡（吃球芽甘藍時除外）出生長大。也許我遺傳到某些基因，使我展現出知名的英式含蓄。無論如何，遇到不認識的人，我心裡就會自動假設我大概不會喜歡他們，而且年紀越大，就越不想認識新的人，特別是我獨自一人、沒有蜜雪兒或其他人充當中間人的場合。比如說，在一間擁擠的旅館酒吧裡，如果我一個人，就**絕對不會**主動跟別人談話。我是那種會盯著手機、儘管手機上根本沒東西可看的人，或者目不轉睛地假裝在看體育臺的伐木比賽。換句話說，我是個害羞的人。

這當然不是我的公開形象，我的公開形象是幽默詼諧的笑匠——總是在作怪搞笑，像是開熱狗車去學校接兒子，或是在電視上當眾點火燒掉內褲或芭比娃娃的人。這兩件怪事我還真的做過，還有更多類似的怪事。在進行宣傳活動，像是簽書會或演講的場合，我真的是詼諧笑匠——表面上。但是請相信我，在內心深處我其實很害羞。就跟許多以搞笑謀生的人一樣，我「表面」幽默的原因不外是：

一、討人喜歡。因為在內心深處，我仍是那個呆頭呆腦、缺乏自信、帶著眼鏡的四年級屁孩。

二、將自己包裹在**幽默**、**諷刺**、**自以為是**的盔甲裡，防止別人**認識**真正的我，一旦對方認識**真正的**我，就不會喜歡我了，因為在內心深處，我仍是那個呆頭呆腦、缺乏自信、帶著眼鏡的四年級屁孩。

隨著時間過去，有些人穿透我的幽默盔甲，與我成為摯友。不過這些人大多是大學和搖滾樂團時代的夥伴，或者早期在報界的同事，大家一起經歷了新的體驗（你知道我的意思吧？），每天晚上都在開派對。我那時體驗到**很多**樂趣，而跟我一起享樂的人都成為我的摯友。

後來長大成人、結婚生子，我的注意力就漸漸集中在家庭上，與朋友享樂的時間變少了，交新朋友的機會也變少了。我覺得大多數人步入中年恐怕都是如此，我的情況還更嚴重，因為隨著我的寫作事業越來越成功，遇到我的人就越期望我——甚至是要求我——當個幽默詼諧的笑匠。而我通常也會扮演起這個角色，至少比真的跟對方打交道容易多了，最後呢，對方沒認識到真正的我，而我也沒認識到對方。

結果就是，我現在七十歲了，**認識**很多人，但是真正的朋友卻寥寥無幾，而且大多是年輕時結交的。說實話，我現在跟他們很少見面，也很少交談了，有些說不定早已不在了。唯一查出真相的方式就是打電話給他們，跟他們聊聊近況，但我從來沒有這麼做。

我覺得很多男人都是如此吧，就連不是幽默笑匠的人也一樣：我們不習慣聊私人生活。

想像兩個認識的人都剛被診斷出罹患重症，將不久於人世。他們在洗車場巧遇，在等車子洗好的期間，兩人聊了起來。如果這兩個人是女人，她們馬上就會發現彼此同病相憐，然後哭泣與擁抱，說不定還會臨時起意一起去星巴克喝杯印度香料奶茶，互相安慰。

但如果是兩個男人，很有可能雙方都**絕口不提**自己的病況。搞不好整場對話都在討論全國美式橄欖球聯盟的某個四分衛在最近一場球賽尾聲的表現——這個四分衛兩人既不認識、以後大概也不會見到——他居然把球短傳給後衛，當時外接員**根本沒人在防守！我的天啊！**

有時候我覺得職業運動存在的主要目的就是讓男人有話題可聊，這樣就不用談起私人生活。

人生不應該只甘於知足

女人比男人善於結交新朋友和維持舊友誼。我太太蜜雪兒就有幾十個、也許上百個朋友，而且一直在交新朋友。每次她跟這些朋友見面或聊天，總是能說上好幾個小時，而且通常都會談到私人生活。她跟她**每一個**朋友的親密程度，都遠勝過我跟我**任何一個**深交的朋友。

我十七歲的女兒蘇菲，朋友也比我多多了，這都要感謝 Snapchat（誰知道這是啥鬼東西）使她得以跟整個西半球的十七歲人口時時保持聯繫。而且她跟蜜雪兒一樣，一直在交新朋友。

我卻不是。生離死別使我逐漸失去舊朋友，可仔細想想，最令我憂心的反而是，**生離死別並不那麼困擾我**。年紀越大，我就越習慣獨處。蜜雪兒和蘇菲出門時，我可以整個週末都獨自一個人——根本不想跟任何人見面或講話——而且心滿意足。

這就是我：心滿意足，無怨無尤。

但是……

我覺得我不應該只甘於知足。

我覺得即使七十歲了，還是應該要過得快樂。

就跟年老、但仍舊快樂的露西一樣。

而這就是露西教我的第一條狗哲理：

露西的狗哲理 1

結交新朋友，並且留住老朋友。

到了這個人生階段，交新朋友對我來說不容易，但是我決意努力嘗試。遇到不熟悉的人時，我會努力不躲在幽默盔甲後面，也不會用年紀作為獨處的藉口。我會去想想露西，想著牠如何以信任、開放、毫無保留的熱情接近其他生物，還有牠從許多朋友身上得到了多少快樂。我會記住這一點，然後看著這些陌生人的眼睛，用積極、歡迎的態度把我的口鼻戳入他們的胯下。

好啦，開玩笑的！我當然不會模仿露西到這個程度。但我真的會嘗試打開心房去結交新朋友，我還會努力——就從今天開始——跟老朋友聯繫。

寫完上一段文字之後，我把電腦關掉，以免自己分心，然後打電話給羅伯·史戴維斯。我倆在一九六〇年代就相識了，當時我們都在哈弗福德學院念書。他確定被醫學院錄取的那一天晚上，我們大肆慶祝，做了不少瘋狂的事，像是穿著衣服站在宿舍浴室的蓮蓬頭下沖水，然後從一隻既不是我的、也不是他的鞋子裡[4]喝波本威士忌。我們當時就是這樣的朋友，到現在他依舊是我最好的朋友之一。但如今我們不再那麼常聊天了，即使有聊，也是他打電話來給我。

於是這一次我打電話給他，一聊就聊了半小時，對我來說算是**很長**的對話了。最後我們互相告別，我真的**真的**很愉快，不禁納悶自己以前為什麼沒多打電話給他。我決定不久之後要再打電話，打給他，還有其他的朋友。這幾年來我到底在做什麼，有比這個更重要嗎？

貝瑞的鏡外音

❹ 如果你真的想知道，是約翰·庫柏的鞋。

我決定成為一個更友善、且（希望）更快樂的我。也許我還會嘗試在酒吧裡跟陌生人攀談，這會有點棘手，因為我說過，我其實是個很害羞的人，實在不知道該怎麼跟陌生人打開話匣子。

我：嗨。

酒吧裡的陌生人：嗨。

我：我可以聞到我尿液裡蘆筍代謝物的味道。

酒吧裡的陌生人：請幫我結帳。

好吧，也許我在酒吧裡不會交到新朋友。

但是我**會**交到新朋友的。

露西的狗哲理 2

不管你多老，都能隨時隨地享受樂趣

連歐巴馬都能高舉馬桶吸把拍照，

你還有什麼放不開的？

變老爛透了！

這不是露西教會我的第二條狗哲理，露西根本不知道自己在變老。但是對人來說，這就是生命的真相：變老爛透了！

當然啦，有些人會**堅稱**變老並不爛，我所謂的「有些人」其實就是AARP。

你大概已經知道，AARP就是人死前最後發出的聲音。

一一九緊急救難電話人員：一一九救難電話。您有緊急事件嗎？

來電者：有！我先生！他倒在地上、臉色發青，而且發出奇怪的聲音！

一一九緊急救難電話人員：什麼樣的聲音？

來電者：像「aarp……」的聲音。

一一九緊急救難電話人員：好，我們會派輛靈車過去。

來電者：你是說救護車吧？

一一九緊急救難電話人員：不是。

AARP也是「總是排隊排在你前面還對每個商品都要求打折的美國退休人士學會」的縮寫。AARP是個強勢的游說集團，旨在為退休公民爭取福利。比如說，如果有哪個國會議員膽敢**考慮**縮減社會安全福利，那麼立刻就會有一隊AARP戰略襲擊游說菁英小組以超慢速降落到這個國會議員的辦公室，揮舞著身上的導管，威脅他打消念頭。

我並不反對AARP的做法，畢竟我從英法北美戰爭期間就開始繳社會安全金，因此我是**真的想撈回本**。沒錯，社會安全制度基本上是一個龐大的老鼠會，等我們嬰兒潮這一代以龐大的數目退休、開始領退休金時，就會對年輕的一代施以巨大、不公、甚至具毀滅性的財務壓力。但是眼見年輕一代如此摧殘音樂，我想這是他們應得的報應。

不過對於「變老是否爛透了」這個問題，我跟AARP的立場不同。AARP的官方立場是變老並不爛。AARP的執行長喬・安・詹金斯（Jo Ann Jenkins）出過一本書，名為《終結變老：走上勇敢新航程，在每個年紀都活出最好的人生》（*Disrupt Aging: A Bold New Path to Living Your Best Life at Every Age*）。AARP不遺餘力地促銷本書，宣稱詹金斯在書中「鼓勵人們重新思考對變老的負面刻板印象。」AARP有一大堆「終結變老」的宣傳活動，傳達的訊息不外乎整個社會應該屏棄對老年人的刻板印象，老年人不是脾氣不好、一竅不通、步履蹣跚的老東西。

「別再說老年人都是古怪的駕駛和愚蠢的阿嬤了！」AARP說，「六十歲以上的人還在領導企業集團和管轄最高法院，為什麼人們還把所有老年人都歸為痴呆的傻瓜，連電視遙控器都不會用？」

AARP顯然以為高齡公民可以「管轄」最高法院。

「變老不是個笑話，」AARP堅持，「變老意味著成長。沒有什麼是你老到做不了的。」

是嗎？AARP？恕我在這方面與你看法不同。

天體海灘的領悟

年過七十之後，我們絕對已經老到無法嘗試某些事物，在公共場合赤身裸體就是最明顯的例子。幾年前，我們一家人跟朋友一家人一起去加勒比海坐遊輪，其中有一天停靠在聖馬丁島。這個島分為兩部分，一部分是荷蘭屬地，一部分是法國屬地。荷蘭屬地以夜生活聞名，其實就是喝酒；那裡的人從早餐時段就開始進入夜生活模式了。

法國屬地則以裸體海灘聞名。這是法國人最奇怪的一點了。如果你去巴黎，會看到每個人都穿得很體面，至少從美國人的標準來看是如此。如果你穿著短褲和球鞋走進巴黎的餐廳，法國人會一臉鄙夷地看著你，彷彿你身上只套著一個垃圾袋。但是這些法國人一來到海灘，就會立刻脫光，四處走動展示自己的香腸。

總之，我們帶著家中還年幼的孩子去聖馬丁島的裸體海灘，才剛在躺椅上安頓下來，就看到一群赤裸裸的法國人從面前走過去。其中有幾個看起來還算賞心悅目，都是年輕人，但是看到光溜溜的老年人會讓你渴望日全蝕出現。什麼都鬆弛下垂，尤其是男人胯下會極端地鬆弛下垂，任何一個正常人都不會想看到這個畫面。其中一個老男人——我永生難忘——漫步走向我們時，陰囊下垂到一隻螃蟹舉起爪子就可以抓住，可惜沒有真的發生。

所以，無論 AARP 怎麼說，人絕對會老到不適合在公共場合赤身裸體。還有，如果你是老年人，但又不是滾石樂團主唱米克．傑格（Mick Jagger），那也老到不適合穿「緊身牛仔褲」。還有啊，老年人也不應該使用千禧世代用來跟其他千禧世代交談以表示他們是千禧世代的千禧世代用語，像是 bea（寶貝）、JK（開玩笑的！）、FOMO（錯失恐懼症）、JOMO（錯失的樂趣）、salty（不爽）、hepcat（文青）、23 skidoo（快溜）等等。

此外，法律規定民航機機長年滿六十五歲便要退休，即使他們依然勝任愉快，也還是得退休。AARP 的官員，你們說是為什麼啊？如果變老意味著「成長」，那麼為什麼不讓這些機長繼續成長、繼續駕駛大型飛機，直到他們七老八十呢？

機長：各位旅客，我們已達到理想的飛行高度，「安全帶」指示燈即將熄滅。（結果所有的引擎都被關掉，飛機立刻往下降）好，顯然我們要準備降落芝加哥了。

銀髮族的科技戰爭

這又讓人想到老年人搞不懂新科技的刻板印象了。那麼這個荒唐的想法又是從哪裡來的呢，AARP 官員？

就讓我從作家的角度推測一個可能的答案。每次我一出新書，通常就會到美國各地巡迴，在書店做個簡短的演講，然後回答現場讀者提出的問題，像是「你認識作家卡爾．希亞森（Carl Hiaasen）嗎？」或是「史蒂芬．金私底下是什麼樣的人？」接著我會為書迷簽書。常常有人想為我拍照，我當然感到榮幸萬分。多年來，我照過上千張的照片，照相的書迷年紀有大有小，但幾乎都是用手機照。我發現年輕人跟老年人的照相技術非常不同。

年輕人的拍照技術：

一、舉起手機。

二、照相。

老年人的拍照技術：

一、舉起手機。

二、皺眉盯著螢幕三十秒鐘。

三、說：「等一下，現在好像在Google上。」

四、用食指去戳螢幕好一陣子。

五、又舉起手機，說：「好！笑一個吧！」

六、皺眉頭，說：「等一下，變成錄影了。」

七、用食指再去戳螢幕幾下。

八、又舉起手機，說：「好！笑一個吧！」

九、皺眉頭，說：「等一下，我拍到自己了。」

十、把手機交給一個年輕人，讓年輕人幫他照相。

我手邊正好有不少來自路易斯安那州韋伯斯特郡的新聞報導，關於一位六十一歲的女性控告韋伯斯特郡會議旅遊局（Webster Parish Convention and Visitors Bureau），並要求重返職位。她是該郡的觀光局長，但是被開除了。

根據新聞報導，她被開除的原因是，有一次，她出差至路易斯安那州首府巴頓魯治。當天晚上，她決定要用 Instagram 現場直播自己的裸體給老公看。這當然沒問題，甚至可以說是令人讚賞。我在這裡替所有的老公發言：老天保佑這個女人！但是問題來了，她用的是公司給她辦公用的 iPhone 7，而且，就如同她跟當地報紙敘述的：「我對 Instagram 還不熟，結果不小心按錯鍵。」

她把自己長達三十分鐘的裸體影片公開播放在韋伯斯特郡會議旅遊局的 Instagram 官方帳號上。我個人覺得這段影片能大力促銷當地的旅遊，而且這位女士的構想還可以當作新的觀光宣傳招數（「韋伯斯特郡：讓人**目不暇給！**」）。

然而，取而代之的是，這位女士被開除了。我在寫這本書的時候，她控告的理由是不當解僱。我希望她會贏，因為身為年長公民，我不難想像自己也做出相同的糗事。就跟上百萬個與我年齡相仿的人一樣，我還真不知道 Instagram **是什麼**。每次我問女兒是不是在上 Instagram，她就會從手機上抬起頭，翻好幾圈白眼，然後像是在跟一株異常愚蠢的植物解釋般說道：「這是 Snapchat。」

我還可以舉出更多老年人搞不定新科技的例子，但我想我已經充分證明了我的觀點，也就是 AARP——這個我極度敬重的組織——全是胡說八道。變老並不意味著「成長」，除非你指的是鼻毛。變老就是變老，而且變老爛透了。以前輕而易舉就可以做到的事，比如說站起來，或是記住家人的名字，將變得越來越困難。

三歲的樂趣核子反應爐

以上是為什麼變老爛透了的幾個最明顯的原因。還有一個更微妙的原因，也就是本章的主題——終於——就是**你不再覺得有趣**。你不再去尋找有趣的體驗；你甚至不再回想哪些事物**曾帶給你**樂趣。樂趣可以說從你的生命裡消失了，你每天只忙著處理各種瑣事，像是老花眼鏡放在哪裡[5]，反而不會注意到樂趣消失了，因為這是一點一點消失的；樂趣花了大半輩子，緩緩地從你的生命中流走。

我跟孫子狄倫玩耍時總會敏銳地意識到這一點。他才三歲，除了睡覺或是像一般三歲孩子一樣發脾氣之外，就是在開心地玩樂；這就是他每天做的事。他還小，但是個威力十足的樂趣核子反應爐。

狄倫一家住在紐約市一棟公寓大樓裡，位在一條長長走廊的盡頭。對我這樣的老年人來說，這條走廊只是一條平淡無奇的走道，要從電梯返回公寓或是從公寓走向電梯時努力跋涉的路徑。但是對狄倫來說，這條走廊是個奇妙無比

貝瑞的鏡外音

❺ 答案是，在你的額頭上。

的空間，是遊樂場、是地上有線條要跳過去的跑道、是到處有角落可以閃避躲藏的隧道。走廊另一端還有個會上上下下的電梯，而且有按了**會發亮**的按鍵！狄倫每天經過這條走廊不下五、六次，而且每一次感受到的樂趣恐怕都比我一整週感受到的樂趣還要多。狄倫**無時無刻**都樂趣無窮。

過不久他就要上小學了，在學校裡會有更多樂趣，尤其是剛開始的時候。但是他也會接觸到教育過程中沒那麼有趣的部分，而這些部分會越來越沒趣，最後終將導向——三角函數。

學校教育結束之後，他會開始工作，也許還會結婚生子。這些人生階段當然也包含許多樂趣，有時候還是非常大的樂趣，不過這些樂趣最終只能勉強擠在永無休止、令人身心俱疲的工作與煩惱之間。成年人年復一年被義務與責任壓得喘不過氣、筋疲力竭，逐漸失去擁有樂趣的能力，最終達到毫無樂趣的境地，無法想像一條走廊除了讓人從甲處走到乙處之外，還能有什麼用處。

但是至少現在，這條走廊對狄倫來說充滿樂趣。幾乎所有事物對狄倫來說都充滿樂趣，在他眼中，這個世界新穎、迷人、充滿驚喜與奇觀。

老年人大多已失去感到驚奇的能力，所以每次聽到路易・阿姆斯壯（Louis Armstrong）唱的〈世界多美好〉（*What a Wonderful World*）總是感動莫名——至少我是如此。這是首很簡單的歌，傳達出的訊息再明顯不過，甚至可以說有點老套：我們每日身處的世界、視為理所當然的事物與人——花草、樹木、朋友、寶寶——如果我們停下來思考，就會發現其實每一個都是奇蹟。但是我們當然不會停下來思考，除非是聽到路易・阿姆斯壯的歌聲。在整首歌演唱的兩、三分鐘裡，我們不禁多愁善感起來，心中充滿無限的渴望、感恩與淚水。我會想：**路易・阿姆斯壯說得一點都沒錯，這世界真的很美好**。

歌曲結束後，我內心的多愁善感也許流連個三十秒，然後我就會想起還有帳單要付或是有信要回，沒過多久，我又開始心不在焉地跋涉在人生的公寓大樓走廊上，走向終將無法避免的命運電梯。6

貝瑞的鏡外音

❻ 希望這電梯會把我送到天堂的豪華頂樓公寓，而非永恆地獄的地下室。

我說的不是什麼多新穎的道理，每個會思考的成年人都知道我在講什麼。人在地球上的生命是有限的，我們參加的每一場葬禮都在提醒我們這一點。但是一離開墓園，我們又開始把剩下的時間浪費在微小的瑣事上。我們總是對自己說，等退休了，就**可以**享受人生了，到時候就會樂趣無窮！但等我們終於達到可以退休的年紀——我現在就是退休的年紀——卻早已忘了該怎麼擁有樂趣。我們早已生疏了。

你知道誰沒生疏嗎？露西。牠是個老太太了；牠睡覺睡得比以前多，動作也比以前慢，但是牠仍舊**時時**樂趣無窮。當牠看見一隻狗，就會想跟對方玩（首先要完成吸入彼此臀部味道的禮節）；如果沒有狗，牠就會想跟人類玩。

露西與「球」的遊戲

露西特別喜歡玩一個我稱之為「球」的遊戲，不過這個「球」可以是露西多年來得到的任何一個狗玩具。有些是真的球，有些是露西視為珍寶的東西，包含一隻壓了會吱吱叫的橡膠鞋；我們在寵物店購買、看起來不怎麼可靠的神祕有機耐咬玩具（誰知道是不是人的韌帶做的）；一個骨頭形狀的大型藍色布偶，是牠在猶太教光明節得到的[7]，上面還寫著「符合猶太教規」；以及各式各樣的耐咬絨布玩具，像是約翰．馬侃和希拉蕊．克林頓造型的布偶。這兩個布偶是我二〇〇八年為美國總統大選寫專欄時得到的媒體贈品，製作這個耐咬玩具的公司認為不是馬侃就是希拉蕊會選上總統，沒錯，說到預測總統大選的結果，耐咬玩具公司就跟專業新聞記者一樣無能。

露西用「球」這個遊戲慶祝所有的重大事件，比如說，我打開放著露西狗鏈的抽屜。這可是**大事**，因為這表示我們要出門散步了，可以去盡情探索和品嘗無限迷人的尿尿芳香。但是我們還不能馬上出門，儘管我已經拿著狗鏈站在門邊，隨時可以出發。首先我們得慶祝這個令人興奮、極度罕見——每天只發

貝瑞的鏡外音

7 露西是猶太教徒。

生個三、四次——的活動，方法就是玩一場……**球**！

遊戲一開始，露西會衝進客廳，急忙在牠放玩具的桶子裡翻找——桶子裡大概有幾十件玩具——找到牠要的玩具了才罷休。假設是約翰．馬侃布偶好了，牠會用牙齒咬著，衝回前門，在我前方幾公尺的位置急停下來，然後猛搖頭，賣弄嘴裡的布偶，挑釁我去把布偶搶過來。我在這個遊戲裡的角色就是假裝這個布偶極度令人嚮往，儘管這個玩具經過這麼多年的使用，早已成了一團骯髒、醜陋、浸滿口水的破布。

「給我！」我邊說邊衝過去，「把約翰．馬侃給我！」

露西不會乖乖把玩具給我，我得要搶過來。牠會往後跳，一臉嘲弄地揮舞著約翰．馬侃。這時候我應該要去追牠，可是我**不想**去追牠，我只想給牠戴上狗鏈，然後帶牠出門、辦完事，這樣我才可以回來繼續處理成年人類毫無樂趣的要事。我試過訓練露西放下球、走過來，但是牠不怎麼聽我的命令，所以我毫無選擇，只能跟牠玩球。我笨拙緩慢地追在後面，大喊：「**把約翰．馬侃給我！**」牠則開心地在家裡亂跑。

這一玩就會玩上好幾分鐘，最後露西判定自己贏了，把連續不敗的戰績增加到六千七百四十八場，然後放下約翰．馬侃，讓我為牠戴上狗鏈，接著出門，在戶外還有**更多**樂趣。

出門散步並不是唯一一個可以玩球的機會，只要有任何令人興奮的事情發生，露西就會玩球。所謂「任何令人興奮的事情」其實就是「任何事情」，比如說，日出；或是有人進屋，就算這人十五秒後就離開了也一樣；或者是牠走進一個房間，發現約翰．馬侃躺在地上，是上一次玩過後丟在那裡的。所以啦，露西就跟狄倫一樣，總是能找到機會享受樂趣。在這方面，露西也比我更厲害。

這就是露西教給我們的第二條狗哲理：

露西的狗哲理 2

不要停止享受樂趣。
如果你已經停止了，那就重新開始擁抱樂趣。

就跟露西教我的上一條狗哲理一樣（也就是結交新朋友），我在這方面一直做得不是很好。你大概以為我一定天天都很歡樂，尤其是我的工作就是作怪搞笑，或者至少嘗試作怪搞笑。但事實上，如果搞笑成了你的工作，那它就只是工作，問問脫口秀諧星就知道了。

老年人與「微笑」的樂趣

我不是說搞笑是**辛苦**的工作，像是挖煤礦或是掃廁所，或是擔任卡戴珊家族的私人助理。但是以創造幽默謀生——儘管有時耐人尋味、充滿挑戰——並非**樂趣**無窮。花了四十五分鐘發想出一個笑話後，你絕不會想：**哈哈！這笑話太好笑了！**你會想的是：**現在去申請就讀法學院會不會太晚？**

別誤解我的意思，我知道我這一生很幸運，而我也無怨無尤，但是無怨無尤不等於樂趣無窮。我覺得老年人往往覺得無怨無尤就夠了，樂趣可以擺在一邊。看看十七兆的電視和雜誌廣告就知道了，舉凡賣藥、賣假牙黏著劑、賣失禁用品、賣電動代步車、賣反向抵押貸款、賣金幣、賣救急食品、賣預付葬禮，還有各式各樣騙老年人消費的產品，看看它們是怎麼呈現老年人的「樂趣」的。

這些廣告裡的老年人買了這些神奇產品之後，終於可以高枕無憂、樂趣無窮了！而他們表現出高枕無憂、樂趣無窮的方式，幾乎都是……微笑。就這樣。有時候是站在高爾夫球場上微笑，有時候是站在海邊微笑；有時候是一對夫婦在微笑，有時候是七、八個人在微笑，全都像瘋子一樣微笑。沒人知道他們**為什麼**微笑，因為根本沒發生什麼有趣的事。別說有趣的事了，連無趣的事也沒有，就只是一群老年人站在那裡微笑；他們在享受老年人的樂趣！

但這看起來一點都不像**真的**樂趣，至少我是這麼認為。我覺得真正的樂趣要有一點出乎意料的成分，一點冒險的成分，也許還有些怪異的成分，或者是危險的成分，比如說被警察逮捕。我倒想在老人產品的電視廣告裡看到……比如說一群老年人發現了一種神奇的新瀉藥，然後為了慶祝從此不再為便祕煩惱——我只是隨便舉個例——就用軍事炸藥炸毀了一座馬桶，也許還配合轟然巨響。**這樣**看起來就有樂趣多了。

那麼，像我這樣的老年人該如何繼續樂趣無窮呢？為了回答這個問題，我決定回想一下過去幾十年來真正樂趣無窮的經驗。我發現其中大多數都牽涉到旅行，尤其是跟家人一起旅行。我知道不是每個人都有足夠的體力與財力去旅行，但如果你可以，我強烈推薦你去旅行，因為旅行能強迫你跳脫日常，給你冒險的機會。

當然啦，不是所有的旅行都樂趣無窮。坐飛機去旅行通常也是一種冒險，但往往不是那種「哇！好神奇！」的冒險，而比較有可能是「哇，我們錯過轉機了，所以得在硬邦邦的機場長椅上過夜，看著牆上的電視播放CNN」的冒險。[8]可是如果你真的設法——儘管整個航空業都加以阻撓——到達了目的地，這時旅行就會真的樂趣無窮。[9]

貝瑞的鏡外音

❽ 還好機場裡不准攜帶槍枝，否則我絕對會打壞一臺播放CNN的電視螢幕。

❾ 前提是你的目的地不是紐約拉瓜地亞機場和永久施工的地獄帶，因為這裡到處是等不到接駁車而餓死的旅客骨骸。

別跑！跑了就死定了

我們一家經歷過最樂趣無窮的冒險旅程，是在幾年前去南非的隆多洛奇野生動物園（Londolozi）。我們從約翰尼斯堡乘坐一架炫目時髦的老螺旋槳飛機飛去，降落前還在泥土跑道上空轉了好幾圈，等地面的工作人員把一些動物趕走了才能降落。接著我們乘坐一輛敞篷的荒原路華抵達住宿區。住宿區周圍有一道高高的圍牆，只有一個入口讓車輛通行，但入口的地上鋪設著通電的金屬柵板，防止動物進入。

司機放我們在屋子前下車就開走了，我們正提著行李站在那裡，突然一隻巨大的大象出現在入口，距離我們也許六公尺左右。牠不斷踏上通電的柵板，退回去，然後又踏上來，很顯然是想進來。周圍沒有別人，基本上就只有我們跟這隻大象，而且牠——我一定要再強調一遍——真的很巨大。蜜雪兒擔心起來，於是我依照傳統肩負起男人保護家庭的責任，跟她說我們無須擔心，畢竟我經驗豐富，從來沒來過非洲……

這時候，只見一個住宿區的工作人員小跑過來。我以為他會跟我們說不用擔心，結果他卻說：「我們得馬上離開。」然後繼續往前小跑。

「行李怎麼辦？」蜜雪兒問。

「牠不想要你的行李。」工作人員回過頭說。

於是我們匆忙跟著他跑進屋裡，幾秒鐘後，那隻大象真的闖進來了。工作人員告訴我們，他們把那隻大象取名為「夜班」，因為牠每天晚上都會試圖闖進來。我問他那隻大象危不危險，他沒回答，但是臉上的表情意味著：「這是隻體積跟巴士一樣大的野生動物，**你**覺得呢？」

這絕對是我這輩子最驚險的旅館入住手續。

晚餐時間，工作人員給我們做了一個安全須知簡報，其中最重要的一點，就是無論如何**絕對不能**在沒有工作人員的陪同下夜間獨自外出。吃完飯後，一位工作人員把我們從用餐區護送回住宿的小平房。他手上拿著一支又大又亮的手電筒，光束不停地掃過來掃過去，往黑暗裡探視。他說我們要盡量集中在一起，如果看到什麼動物，絕對，他一再強調這一點，絕對不能跑。

我們問，如果跑了會怎麼樣。

他說：「如果你們跑，我們就死定了。」

他不像在開玩笑。

回到小平房的路上我們沒有看到任何動物，但那晚「夜班」在我們附近過夜。為什麼我們會知道呢？因為隔天早上出門時，在門前臺階上有一坨跟飛雅特一樣大的便便，就好像你去旅館過夜，他們免費送你一份《今日美國》一樣。**歡迎來到非洲！**

吃早餐也是一場冒險。我們在一個戶外用餐區吃早餐，周圍都是樹木，而樹上是一群沒什麼倫理道德、但是深諳幾何學的猴子。他們先是仔細觀察用餐者，計算出角度和距離，然後只要你離自己的盤子稍微遠個一公分，一隻猴子就會倏地從樹上跳下來，飛快地衝過桌面，搶走一塊你的水果，然後又跳回樹上，在其他猴子間引起一陣尖聲讚賞（「鮑伯搶來一塊蘋果！」、「鮑伯，做得好！」）

用餐區有些工作人員還隨身攜帶彈弓，對著猴子射石頭想制止牠們，但幾乎是百發不中。在這場無休無止的戰役裡，猴子顯然占了上風。

明天早上再回來撿你的鞋子

吃完早餐後，真正的冒險就開始了。我們乘坐一輛敞篷的荒原路華遊歷非洲大草原，車上還有兩位技術精湛、知識淵博的嚮導，艾佛德·麥修布拉和班奈特·馬修斯，這兩人可以蒙著眼睛在雷雨中追蹤一隻蚊子。他們帶我們去看長頸鹿、大象、犀牛、水牛、疣豬、牛羚、鬣狗，還有許多緊張兮兮、模樣像鹿、分屬於不同物種、但在動物學裡全都歸屬「午餐」的動物。我們還觀察一隻名為潘恩的花豹耐心地潛近一隻黑斑羚，好在最後黑斑羚逃走了，謝天謝地，因為那隻黑斑羚看起來就跟小鹿斑比一樣，而且還更可愛。如果潘恩真的抓到牠，我女兒恐怕到今天還在哭。我們還看到一對赤裸的河馬在嘿咻，讓我告訴你，如果你有幸見識到這個神奇的自然景象，你會（一）對母河馬深深感到敬佩，（二）忍不住想把自己的眼睛挖出來。

我們的荒原路華還開到非常接近幾隻獅子的地方，僅僅距離幾公尺，不過獅子在白天大多只是躺在那裡，一臉狠角色的樣子。牠們似乎一點也不在意我們，其實也有道理，因為牠們的態度大概就是：「我們是獅子，你們只是一群瘦小無毛的皮包骨。」

大獅子之間還躺著幾隻小獅子，非常可愛，可愛到讓人想去抱。

「我好想抱一隻！」我的兒媳蘿拉從後座喊道。

班奈特頭也不回，只說：「我們明天早上再回來撿妳的鞋子。」

他也不像是在開玩笑。

我們還有一次夜間出去探險。車子停在大草原上，艾佛德和班奈特檢查四周，確定沒有獅子後，還讓我們下車。於是我們在滿天星光下喝雞尾酒，這大概是喝雞尾酒最棒的方式了。我們站在那裡，一群鬣狗——專業名稱為「咯咯」（cackle）[10]——往我們的方向小跑過來。我瞬間緊張起來，鬣狗在白天看

貝瑞的鏡外音

❿真的，去查字典就知道了！

起來就很險惡了，夜間朝你小跑過來更形可怕。我問班奈特是否該回到車上，他卻搖頭。

「目標不一定是我們。」他說。

結果我們真的不是目標。那群鬣狗快速經過，根本不理睬我們，只有一隻跑到班奈特面前，停下來，嗅一嗅，然後又跟其他鬣狗小跑離開了。

「牠認識我。」班奈特說。

旅行還有另外一個很棒的優點：旅行常常會提醒你，這世界上存在著許多人事物，並非全部都繞著你打轉。當然啦，除非你去坐遊輪，就會一切都以你為焦點，餵你、娛樂你、賣東西給你、帶你去觀光遊覽。所以啦，坐遊輪雖然很愜意，但是我覺得帶來的樂趣遠不如那種你不知道下一秒會遇到什麼事的旅行。

尤其是如果你的年紀慢慢大了，不要甘於無怨無尤；不要只是站在那裡傻笑。出去，享受這個美好的世界。

就算你無法出門旅行，還是有別的辦法得到樂趣。我覺得關鍵在於擴大你的界線，跳脫那套習慣成自然的死板例行常規，去探個險，離開你的舒適圈，也許還出個糗。回想這一輩子，我除了旅行之外，過去幾十年來真的樂趣無窮的經驗大多都與下面這兩個組織有關，其實說組織還嫌誇張，因為它們基本上就是荒唐的發明。

歐巴馬與馬桶吸把

其中一個是「草坪養護員」，或者如他們在自家媒體聲明中所提到（此外就沒人如此稱呼）的「世界知名草坪養護員」。這基本上是一個遊行隊伍，一邊遊行一邊表演如何精準地操作除草機與掃帚（此處的「精準」其實「一點都不精準」）。這個組織位在伊利諾州的小鎮阿科拉，該鎮自稱是「掃帚玉米世界首都」，因為此處曾生產用來做掃帚毛的玉米。阿科拉每年都會舉辦「掃帚玉米節」來慶祝這個驕傲的傳統，節慶包含許多精采的內容，像是：

- 掃地比賽：參賽者必須用掃帚把好幾公斤的乾玉米粒推過幾個障礙，最後掃進一個洞裡。可想而知，這個比賽競爭非常激烈。
- 各種吃食：包括串燒豬排。
- 一個啤酒帳篷。
- 伊利諾州中部最大型的「流動廁所」集會[11]。

但是掃帚玉米節最精采的部分是遊行，而遊行中最精采的部分則是世界知名草坪養護員的表演。我在其中一個創立者派特．莫納漢的邀請下，於一九九二年加入了這個搞笑團體，並前往阿科拉（位於伊利諾州最平坦的道格拉斯郡）參加草坪養護員的商務會議，一起討論遊行的準備事項，而整個會議乃遵照一套嚴謹的流程進行：

貝瑞的鏡外音

⓫ 專家稱之為「滴水不漏」。

喝啤酒。

聽團隊醫師的報告。但這個醫師不是真的醫師，只是其中一個養護員——他其實在五金用品店上班——不過他真有個類似醫師出診用的袋子，裡面裝滿各式各樣、性感不已的工具。他會一樣一樣拿出來展示，並在介紹每個新工具前說道：「我不知道該不該給你們看這個東西……」

喝更多啤酒。

觀看各養護員的才藝表演，像是傳奇的道格．瑞德，他的專長是跟「月亮」有關的原創表演藝術。我第一次參加他們的商務會議時，他爬上一把梯子，而且邊爬邊脫掉總共十件左右的寬鬆四角褲，最後的高潮則是從屁股裡射出一枝沖天炮。這是我見過人類所能做出最神奇的事情了，而且是近距離見識到生產的過程喔！我還錯過一次更精采的高潮，道格．瑞德在大腿間夾著一把馬鈴薯炮，然後從裡面射出辣椒（至少大家希望是辣椒）。

再喝更多啤酒。

也許再喝更多啤酒。

商務會議上另一個精采內容就是新生訓練，也就是資深養護員——揮舞著馬桶吸把表示自己的階級——指導新來的養護員練習遊行時的精準動作。

每個養護員都一手拿著掃帚、一手推著除草機行進。有些除草機是「展示用除草機」，經過特別的裝飾，像是動物玩偶、舒適躺椅、塑膠雪人、馬桶椅等等。養護員頭戴牛仔帽，有時候還戴著黑色面具以保護其祕密身分。我們還會穿著圍裙，圍裙口袋裡裝滿糖果，遊行途中丟給群眾，或者是肚子餓了自己吃。

在遊行路徑上幾個不同的點，帶頭的人會舉起馬桶吸把，下達「舉起掃帚！」的命令（也就是要所有養護員舉起掃帚），接著要養護員執行下列兩個精準動作中的一個：

一、遛狗：養護員在原地繞圈圈，同時把除草機轉三百六十度，最後回到原來的方向，繼續行進。

二、換位：跟旁邊的養護員交換位置（在遊行中養護員以兩列縱隊行進），然後把手中的掃帚丟給對方，如果沒接到（在商務會議中喝太多啤酒的後果），就再把掃帚從地上撿起來。

我知道你在想什麼，你一定在想：**成年人做這種事？有點幼稚吧？**

不對！不是「有點」幼稚，根本就是「非常」幼稚。[12]草坪養護員其實還超出了幼稚的疆界，深入到愚蠢的領域。

但是你知道嗎？我們**樂趣無窮**，而且觀眾超愛我們。我相信他們的歡樂一部分源自於某種心態：無論他們曾經做過多愚蠢的事，絕對不會比我們更愚

貝瑞的鏡外音

⓬ 草坪養護員的官方座右銘是「你只能年輕一次，但是永遠可以幼稚」。

蠢。但是他們之所以熱愛我們，主要還是因為——讓我再說一遍——我們**樂趣無窮**。

雖是樂趣無窮的蠢蛋，草坪養護員至今還是取得了相當了不起的成就。他們參加過美國各地的大遊行，像是玫瑰花車遊行和節日花車遊行；芝加哥聖派翠克節的遊行他們也參加過。二〇〇三年，就是在這裡，年輕有為、來自伊利諾州、正在競選美國參議員的歐巴馬，停下來與草坪養護員閒聊，而且還顯現出天生領袖在恰當時機搞笑的本能——他揮舞著馬桶吸把跟養護員照了張相。

愚蠢而幼稚的樂趣

五年之後，歐巴馬選上美國總統。沒人知道這與他和養護員閒聊有沒有直接關係，但是你想想，歐巴馬選上後，派特．莫納漢代表草坪養護員申請參加他的就職典禮遊行，而不可思議的是，**申請被接受了**。真的，我沒蓋你！

於是，二〇〇九年一月二十日，參加就職典禮的一萬五千名遊行人士中——包括不少遊行樂隊和軍事單位，穿著嶄新亮麗的制服，踏著完美一致的步伐——夾雜了五十一位草坪養護員。而我可以自豪地說，我是其中之一。我們當然戴著牛仔帽和面具，但為了表達對此隆重場合的敬重，我們還特別穿上鮮紅色的尼龍學士服。[13]而且精選了一組特別漂亮的展示用除草機，其中一輛展示著歐巴馬拿著馬桶吸把的大型照片。我的除草機上裝了一個小床（bed），上面貼著個牌子寫著「隨隊記者」（embedded reporter）。

還有五位女性戴著假鬍子，穿著有點類似已逝的伊利諾州名人林肯，舉著一條橫布走在隊伍最前面，告訴觀眾我們「世界知名」。

養護員隊伍被分配在整個遊行的尾端，因此大半天都跟其他遊行隊伍待在寒冷的戶外等候區，還有一排小型、英勇、使用人數過多的流動廁所，我一直想像這排廁所過不久必須用巡航導彈摧毀。

貝瑞的鏡外音

⓭由阿科拉引以為傲的「學士帽與學士服」熱情贊助。

等到暮色降臨、溫度下滑時，我們終於得到開始行進的訊號。我們把展示用除草機推上賓州大道，另一隻手高舉著掃帚。這時大部分觀眾已經離開，只剩下三三兩兩的人還在觀看，但我們為他們表演我們的精準動作，而且得到大眾異口同聲的讚賞：「呃？」

最後，白宮前面燈火輝煌的觀禮臺終於進入眼簾。觀禮臺上幾乎已全空了，我猜想所有的知名要人早都走了，但是隨著觀禮臺越來越接近，我們看到他們，就在幾公尺外隔著防彈玻璃觀看我們——歐巴馬總統與第一夫人蜜雪兒．歐巴馬，還有副總統喬．拜登。一開始，他們看起來有些困惑，這也不讓人意外，畢竟我們鐵定是整個遊行中唯一一個炫耀裝著馬桶的除草機的隊伍。接著歐巴馬總統看到自己舉著馬桶吸把的大型照片，他對第一夫人說了些什麼，然後兩人開懷大笑。

草坪養護員接著表演了一段精準動作，如果我沒記錯，是「遛狗」。

然後我們經過觀禮臺，遊行就結束了。

但是**真的**，我們樂趣無窮。

那也是我最後一次跟草坪養護員一起遊行。派特・莫納漢每年都會寄電子郵件給我，提醒我掃帚玉米節快到了，草坪養護員不久就要開會和遊行，但是每一年我都太忙了沒去。

而每一年我都老了一歲。

我得再跟養護員取得聯繫，我需要愚蠢幼稚的樂趣。

史上唯一！「謠言風」搖滾樂團

這就又要說到另一個我參加過且荒唐無比的組織：超沒天分搖滾樂團。這是一個由作家組成的搖滾樂團，由凱西・高瑪克（Kathi Goldmark）所創立，這個聰明、風趣、親切又快樂的女人**隨時隨地**都樂趣無窮（她的包包裡總會帶著卡祖笛，以防萬一臨時需要一枝卡祖笛）。

一九九二年，凱西經營了一間陪同作家在舊金山進行新書宣傳的經紀公司，她突發奇想，想集結一堆作者來進行慈善募款。基本上，她邀請了每一個她認識的作者，而每一位答應協助的作者，無論有天分還是沒天分，都成為樂團的成員。當時加入的作家有譚恩美、史蒂芬・金、瑞德利・皮爾森（Ridley Pearson）、小羅依・布朗特（Roy Blount Jr.）、芭芭拉・金索沃（Barbara Kingsolver）、泰德・巴特穆（Tad Bartimus）、羅勃・傅剛（Robert Fulghum）、馬特・格朗寧（Matt Groening）、格雷爾・馬庫斯（Greil Marcus）、喬・塞爾文（Joel Selvin）、戴夫・馬許（Dave Marsh）跟我。我們有個專業鼓手喬許・克利（Josh Kelly），而凱西不知怎麼辦到的，還請來搖滾樂界傳奇艾爾・庫柏（Al Kooper）擔任我們的音樂指導。

原本的計畫是演出一晚就解散。嚴格來說，從音樂的角度，我們確實**應該**要解散，因為我們實在很差。小羅依・布朗特把我們的音樂風格描述為「難聽」，我把我們演奏音樂的方式稱為「謠言風」，也就是時不時會有令人驚恐的謠言在樂團裡傳播開來：**好像換和弦了**。於是大家就換一個新和弦，但不一定會換到**同一個**。

所以囉，在首場表演中，我們沒有展現出多大的音樂天分，但是我們玩得

實在太開心了，根本不想就此罷手。

就如譚恩美說的：「為此我不惜出賣靈魂。」

史蒂芬．金也說：「我們還沒玩夠呢。」

於是樂團沒有解散。我們發明了一套臺上表演的噱頭和花招，補償音樂天分的不足。畢竟我們的目的是娛樂大眾，而非得到好評，而這一點我們基本上都能做到，尤其如果觀眾還邊聽邊喝酒。我們這個樂團一組就組了二十幾年，幾乎都是在書籍相關或慈善募捐的場合表演。

多年來，有些人離開了，有些人不太常來，但也一直有新血加入，像是米奇．艾爾邦（Mitch Albom）、史考特．杜羅（Scott Turow）、桂格．艾爾斯（Greg Iles）、詹姆士．麥布萊德（James McBride）、法蘭克．麥考特（Frank McCourt）、我的弟弟山姆．貝瑞（Sam Barry）、艾倫．崔貝爾（Alan Zweibel）、瑪莉．卡爾（Mary Karr）和數十位客座作家。我們還請來薩克斯風演奏家伊拉斯莫．保羅（Erasmo Paolo），以及經理泰德．哈伯特哥（Ted Habte-Gabr）——這人有辦法把烏龜從殼裡勸出來。

偶爾，也會有真正的音樂巨星與我們一起演奏，像是布魯斯・史普林斯汀（Bruce Springsteen）[14]、茱蒂・柯林斯（Judy Collins）、蒙特・蒙哥馬利（Monte Montgomery）、萊斯利・戈爾（Lesley Gore）、奈斯特・托雷（Nestor Torres）、達妮・洛芙（Darlene Love）和葛洛莉雅・蓋娜（Gloria Gaynor）等。華倫・齊方（Warren Zevon）也與我們一起演奏了好幾年；之後，伯茲合唱團（Byrds）的創立者之一羅傑・麥昆（Roger McGuinn）接替他長期客座巨星的角色。

音樂方面，我們幾年下來進步了一些些，但還談不上「好」，反正我們的焦點也從來不是音樂本身。我們成為朋友，真正的朋友，那種難過時互吐苦水、開心時一起慶祝的朋友。這樣講是有點老掉牙，但說真的：我們成為一家人。我們一起慶祝的事件之一，就是凱西與我弟弟山姆的婚禮，兩人相識的地

貝瑞的鏡外音

⓮ 跟超沒天分搖滾樂團一起演奏過後，史普林斯汀跟我們說：「千萬不要進步，否則你們就會變成眾多差勁的車庫樂團之一。」

點就是我們的樂團。

於是我們繼續演奏，年復一年，因為我們熱愛混在一起；因為我們樂趣無窮。唉，真的是樂趣無窮！

從燃燒的指甲到傷患頭目，什麼都不奇怪

有一晚在克里夫蘭，在搖滾樂名人堂結束一場慈善表演後，我們聚集在某個成員的旅館房間裡，不知何時幾個樂團成員開始唱起愛爾蘭民謠，而且唱得慷慨激昂，惹得旅館的保安人員跑來敲門，嚴厲地警告兩位一臉愧疚的人士降低音量，讓我們大開眼界。這兩位就是進入搖滾名人堂的羅傑・麥昆，以及他的愛爾蘭同胞兼普立茲獎得主法蘭克・麥考特。

還有一晚在納許維爾，史蒂芬・金演唱〈青春天使〉（*Teen Angel*），臺下有一位女性觀眾舉起雙臂，而且**她的每根指甲都在燃燒**，她顯然是特意準備的，我至今仍不知道她是怎麼辦到的，但我深深同意瑞德利的看法，當時瑞德利看

著那個女人望著史蒂芬的模樣，說道：「我可不想這麼出名。」

又有一晚在邁阿密，卡爾．希亞森彈奏吉他與我們一起演出。卡爾是個非常傑出的作家，但是身為朋友我得說，他在音樂上有些障礙，而且還是從我們樂團的標準來看。他為這場演出上了好幾堂的吉他課，卻仍舊非常緊張。

問：他有多緊張？

答：緊張到把吉他老師都帶到臺上來了。

真的！他們一起站在舞臺後方，兩人的音箱左右相鄰，然後一整晚我們都可以聽到那個老師把和弦喊給卡爾聽（E！A！再回到E！），卡爾則慌張地嘗試在老師喊出下一個和弦前先把這一個和弦按對，可成功的機率忽高忽低。聽這兩人互動實在很有意思，而且我覺得並沒有明顯影響到樂團整體的音質。

還有一次在華盛頓特區，譚恩美帶來一臺卡拉OK伴唱機，這臺伴唱機可以評估你的歌聲與原唱有多接近，最低是零分，最高是一百。於是我們要羅傑．

麥昆唱伯茲合唱團的經典之作〈轉轉轉〉（*Turn! Turn! Turn!*），因為這首的原唱就是羅傑．麥昆。結果伴唱機給了羅傑九十六分，於是他又試一次，這次得到九十七分，然後他又試一次，但只得到九十八分。於是我們跟他說，他是個很出色的歌手，可惜不是羅傑．麥昆……

還有一次，我忘了是在哪個城市，我們差一點就正確無誤地演奏完〈野東西〉（*Wild Thing*）了。〈野東西〉應該是最簡單的車庫搖滾歌曲之一，幾乎不需要任何音樂天分，但我們從來沒有正確無誤地演奏過這首歌，我無意指名道姓，可問題都出在小羅依．布朗特身上。

羅伊在演奏中主要是負責唱出「你使我怦然心動」（You move me）這一句，問題是他每次都抓錯節拍，要不太早，要不就是太晚（在此說明一下羅伊的背景，羅伊是美國障礙歌手聯盟的創立人兼全國主席）。羅伊的節拍掌握在樂團裡成了笑話，我們甚至在演出前偷偷打賭他這次會太早還是太晚唱出那句歌詞。那一晚，賭金已累積到幾百美元，然後決定性的時刻來了，我們全都轉頭去看羅伊，而他居然神奇地、第一次也是唯一一次，在**正確的**拍點上唱出那句歌詞。不幸的是，這反而讓我們全都笑得人仰馬翻，最後還是搞砸了這首歌的演奏。因此，我們從來沒有正確演奏過〈野東西〉的世界紀錄得以繼續保持下去。

有一晚在紐約市，我們演奏〈幫派頭目〉（*Leader of the Pack*）的搞笑版，主唱譚恩美演出那個愛上飛車黨頭目、但是被父母逼著分手的年輕女孩，最後這個飛車黨頭目車禍身亡。譚恩美的先生盧・德馬泰（Lou DeMattei）在現實生活中是稅務律師，在舞臺上則演出幫派頭目的角色。他穿著皮夾克，裝出騎機車的動作，最後還演出車禍的過程，也就是誇張地撲倒在舞臺地板上，然後假裝疼痛地扭動身體，觀眾看了都大聲叫好。史蒂芬・金跟我乘勝追擊想增加娛樂效果，於是開始踢他，結果他扭動得更厲害了，最後爬出舞臺。哈哈哈！太好玩了！

後來我們才知道，盧其實一點都不覺得好玩。表演結束後，我們聽說他被送去醫院，診斷出鎖骨斷裂，所以我跟史蒂芬・金在踢他的時候，他是真的痛到打滾。我們當然覺得很愧疚，不過盧很有運動家精神，他繼續參與樂團巡迴，繼續演出幫派頭目，只是他綁著一條吊帶，也不撲倒在舞臺上了，看起來更像是傷患頭目。

被偷走的脾臟

我在樂團裡也經歷過一次嚴重的醫療事故，也是在紐約市。那天演出過後，大家都回到旅館酒吧，我就坐在小羅依·布朗特和史考特·杜羅之間。兩人都在講話，而我也試圖跟兩人交談，於是頭就在兩人之間轉來轉去，同時還喝了好幾杯（大概是六杯吧）的伏特加琴蕾。

史考特的故事牽涉到他的脾臟，又冗長又複雜。在左右轉來轉去與琴蕾交互作用下，我開始搞混了，於是我打斷他，問：「等一下，所以你是有脾臟還是沒有脾臟？」

「沒有。」史考特耐心道，「重點就是我沒有脾臟。」

然後他又繼續說他的故事，我又繼續左右轉來轉去。過了一陣子，喝了

一、兩杯琴蕾之後，我又搞不清楚了，於是我又打斷他，問：「等一下……所以你**是**有脾臟？」

史考特又解釋了一遍說他沒有脾臟，只是這一次沒那麼有耐心了。

如果你見過喝醉酒的白痴，應該就可以想像得到，一陣子之後，我又開始搞不清楚，然後又問起史考特的脾臟。這一次，史考特不回答我了，只是拿了一枝麥克筆，在我的右前臂上寫下「**沒有脾臟**」幾個大字，就此解決我的記憶問題，之後整個晚上都非常平順地度過，至少我認為如此，儘管我記得的並不多。

隔天早上，整個樂團得早起搭火車去波士頓。我在旅館房間裡模模糊糊地醒來，搖搖晃晃地走向浴室，邊走我邊看著自己在浴室鏡子中的倒影，發現手臂上有寫字。

我低頭去看。

沒有脾臟。

在那驚恐的幾秒鐘，我的大腦——說實話，當下我的大腦功能就相當於一顆黃皮扁平的大洋蔥——只想得到一個解釋。你也聽過那種都會傳說吧？就是出差的商人被下藥，結果在旅館房間醒來，躺在裝滿冰塊的浴缸裡，看到一張紙條上寫說他的一顆腎臟被取走了。我以為我遇到了這種事，只不過不是腎臟被偷，而是**脾臟被偷走了**。

我開始慌張地檢查身上有沒有割痕，但馬上就遇到困難，因為我根本不知道脾臟在哪裡。隨著大腦慢慢清醒，我突然想到脾臟並不是有商業價值的器官，從來沒聽過有人焦急地等待脾臟捐贈。外科醫師經常為病人移除脾臟，然後就丟掉了，去偷脾臟簡直就是白痴。「*他居然笨到去偷脾臟*」大概是器官竊賊之間常用的吐槽語。

幾秒鐘後，我終於想起是史考特在我手臂上寫下這幾個字，於是我對自己痛苦地竊笑一番之後，繼續搖搖晃晃地走向馬桶。

那真是開懷無比的幾秒鐘。

這首歌是獻給妳的，凱西

這些只是眾多美好回憶的一部分。我們一起開心地演出了許多年，比任何人預期的都要久，但是這麼多年來，時間也奪走了樂團的成員——在這方面，我們就跟披頭四一樣。

華倫．齊方在二〇〇三年走了。

法蘭克．麥考特在二〇〇九年走了。

然後二〇一二年，讓大家相識相愛的凱西．高瑪克，樂團的靈魂支柱，也在與乳癌艱苦奮戰後走了。當時樂團在加州有兩場演出，**從來沒有**錯過一場演出的凱西還期盼自己能撐到演出當天去現場觀看。當她知道自己撐不了時，她對我弟弟說，她還是希望樂團能如期演出。

於是我們如期演出。在兩場演奏中，我們都在中間停下來，為凱西默哀，然後在結尾演奏一首她寫的超級好笑的歌曲〈比他還老〉（*Older Than Him*）。這是一首鄉村兼西部民謠，講的是一位中年女性，也就是凱西，坐在酒吧裡，看著一位性感的年輕男子走進來。她想吸引他的注意，但他根本沒注意到她的存在。歌詞是：

噢，不知道他會不會在意，
如果他知道我的內衣
比他還要老，
我應該再回健身房做有氧操。

連續兩個晚上，這首歌使大家泣不成聲，那是我們對凱西的最後致敬。我們以為那是樂團的最後一場演出，我們告訴媒體樂團會解散，我們自己也如此深信。我們失去了樂團的創立人，而且大家年紀都大了，也許已經老到不適合帶著假髮吹卡祖笛，像個傻子蹦蹦跳跳，演奏差強人意的音樂了。

但是我們想念彼此，想念樂團的樂趣。而且我們是個糟糕的樂團，所以連解散樂團也要做得很糟糕才合理。二〇一五年，我們受邀在土桑圖書節上演出。大多數成員都答應了，於是我們在一大群熱情的觀眾面前再度粉墨登場。而相聚的感覺是如此美好，幾個月後，我們又在邁阿密書展上演出。那天晚上下了一場大雨，我們只好移師到一間小帳篷裡，但依舊玩得很痛快。

那是我們最後一次演出。在這個當下，我真的不知道我們還會不會一起演出。把樂團成員聚在一起是個交通上與財務上的挑戰，而且說真的，我們的演出不是那麼搶手，也許這次是真的要結束了。

也許我們也該結束了；也許我們已經老到不適合做這種傻事了。

但是我不想罷手，我相信如果我的老狗能夠樂趣無窮，那麼我也可以樂趣無窮。我不想等到一切都為時已晚，我想謹記我的朋友兼樂團成員華倫・齊方的話。華倫被診斷出罹患末期癌症時，他去上了大衛・賴特曼（David Letterman）的節目。賴特曼問他對生命的態度有何改變，華倫回答道：

「嗯，你會更珍惜每分每秒……其實我覺得自己一直是這樣，我真的是盡情享受每分每秒，只是現在一切都更珍貴了，你會去全心享受每一口三明治，享受每一分鐘跟大夥演奏音樂、跟孩子相處等等。」

感謝上天我沒有末期癌症，但我的時間也不是永無止境。每個人擁有的時間就只有那麼多，而且就如華倫所說，現在時間更珍貴了。所以啦，我會打探一下樂團團員，或者說我的朋友們，是否有意再來「取消解散」一次，趁我們都還有時間，再來創造更多回憶。我不知道大家會不會有興趣，但我會試一試。

我還重新跟阿科拉的同伴取得聯繫。我寄了一封電子郵件給派特．莫納漢，問他世界知名的草坪養護員下一次的遊行是啥時。他馬上回信給我：掃帚玉米節馬上就要到了。我計畫前往，然後在遊行中推著我的展示用除草機，表演高度不精準的精準動作；我計畫再去擁抱一些**樂趣**。

時間更珍貴了。

露西的狗哲理 3

把注意力放在你心愛的人身上，把手機留在口袋

或者你將來想要與手機一起下葬，

以免錯過任何一條訊息？

我大概是世界上最後幾個搞清楚「正念」是什麼玩意兒的人。我聽到這個詞的時候，知名企業和政府機關全在給他們的員工進行「正念訓練」，我並不認為這是什麼好跡象，根據我的經驗，任何熱門到讓大型組織要員工都去學習的趨勢，非常有可能是愚蠢無用的。

「多元化訓練」就是一個很好的例子。這個訓練就是公司企業要一組員工跟一位專業的多元化訓練教練坐在一間教室裡，然後這個教練會給他們講課、看影片，帶他們玩角色扮演的遊戲，希望讓員工了解互相尊重的重要性，直到員工最後理解到他們有多痛恨這位多元化教練，痛恨到只想跟教練唱反調。

我自己也上過好幾次多元化訓練課程，而每一次教練都把學員視為愚蠢無知的六歲小孩，無法理解自己有多嚴重的種族歧視、性別歧視和錯誤觀念；這可不是贏得人心的好策略。在課堂上，學員當然都會**說出**教練想聽到的答案，因為課非上不可，而我們都想趕快下課。但是學員各個都怒火中燒，恨不得馬上去加入3K黨，**就連黑人員工也不例外**；我們痛恨教練已痛恨到這個地步。

這當然是開玩笑的！如果不小心冒犯到你，請見諒。不過這令我想到我痛很多元化訓練的另一個原因：這些教練總是堅稱，如果有人被你的言語冒犯，那你就一定是說錯了話。問題是，有些人**聽到什麼**都會覺得被冒犯，彷彿「被冒犯」是這些人生存的主要目的，如果你讓這些人決定你可不可以說什麼，世界上就再也沒有幽默了。

在這方面，我可是專家。在我身為幽默專欄作家的職業生涯裡，寫過成千上萬個笑話，而根據我收到的讀者來函，我相信**每一個笑話**都會冒犯到某些人。比如說，我有一次寫道印第安納州人把自己稱為「胡希爾人」（Hoosier）有些不智，因為似乎沒有人確定這個詞到底是什麼意思。「而且啊，」我寫道，「『胡希爾人』這個詞在美國原住民的語言裡可能是『跟馴鹿嘿咻』的意思。」

這個笑話深深冒犯了不少胡希爾人，他們寄來憤怒的投書，告訴我他們都很清楚「胡希爾人」是啥意思，然後還列舉出幾十個完全不同的定義。我最讚賞的一封投書寫道：「印第安納州沒有馴鹿。」真相大白！

我的意思就是，根據我的經驗，多元化訓練不但煩人，還適得其反。但公司企業依舊舉辦這種課程，類似的還有「建立團隊」和「強化關係」等，也就是要員工去「靜修」和參與各種「冒險」，像是泛舟、攀岩、跟熊摔角、抓蚯蚓等。這些訓練課程的邏輯是，如果有員工溜出靜修課跑去酒吧，其他員工不會去跟主管告狀，如此員工之間就會建立起互信的關係。

為你建立起「渡火」的信心

公司企業逼迫無辜員工參與瘋狂荒唐訓練的案例不在少數，不過我最喜愛的是漢堡王。二〇〇一年，漢堡王為行銷部門的員工舉辦了一個鼓舞士氣的活動（只要你在公司企業的訓練課程裡看到「鼓舞士氣」這幾個字，就應該自動把它更換成「愚蠢」）。在這個活動裡，漢堡王要員工在一位花錢請來的顧問指導下敲斷木板、摔破磚頭、走在尖銳的釘子上、用喉嚨彎曲鋼條。到這裡為止都很順利，這些技巧在現代的企業行銷環境中，無疑是無價之寶。

但是接下來的狀況就真的非常鼓舞士氣了。在披露到底發生了什麼事之前，讓我們回顧一下漢堡王是什麼樣的企業。漢堡王，顧名思義就是賣漢堡的企業。漢堡王一年售出**二十餘億**個漢堡。那麼漢堡是什麼？漢堡就是煎熟的牛肉。想當然耳，漢堡王的管理階層——即使是在行銷部門——也了解皮肉接觸到高溫的後果。

所以你猜猜，這場鼓舞士氣活動的壓軸是什麼？漢堡王的員工做了什麼事？讓我告訴你，而且特別用粗體字強調：**他們光腳走在燒紅的煤炭上！**

這叫做「渡火」，是一種「建立信心」的練習，由東尼．羅賓斯（Tony Robbins）這類知名的勵志教練推廣普及，這教練激勵人心到讓我一想起他就頭痛。

即使你要一個三歲小孩或一隻狗或甚至是一隻蜘蛛光腳走在熾熱的煤炭上，那小孩或小狗或蜘蛛都絕對會拒絕。但這些現代企業的員工急於保住飯碗，叫他們做什麼他們都會做，因此在這場盛會上，一百多名漢堡王員工脫下鞋襪，光腳走在後來被《邁阿密前鋒報》（*Miami Herald*）描述為「**兩公尺半長熾熱閃爍的煤塊**」上。

結果有出什麼差錯嗎？當然沒有啦！如果——容我再次引用《邁阿密前鋒報》——「十幾位漢堡王員工的腳部遭受至少一級到二級的燒傷」不算數的話。其中有一位女士被送去醫院，好幾個人痛到無法走路，得坐輪椅。

有些人的腳就是非常敏感

那麼，這意味著渡火練習是一大失策嗎？拿錢做事的顧問客觀地認為，不是！他跟《邁阿密前鋒報》說：「大多數人都安然無恙地走過去了，既沒有傷口也沒起水泡。如果考慮到總共有一百多人，其中只有十到十五人起水泡，我覺得算是正常。」他還說——他真的這麼說，可能從來沒有一個顧問能說出如此卓越的觀點——「有些人的腳就是非常敏感。」

一起策劃這場活動的漢堡王行銷副總裁腳也被燙傷了，但仍同意渡火是個絕妙的主意。她對《邁阿密前鋒報》說——這真的是隨時不忘行銷的絕佳典範——「這對每個人來說都是很棒的經驗。」

當然是啦，我打賭每個人走出——腳部非常敏感的人是用輪椅推出——這場盛會時，都會再次感到自信無比。

總而言之，我對大型企業熱中的任何趨勢都抱持懷疑的態度，所以聽到「正念」這玩意兒時，我假定又是另外一種浪費時間的噱頭。但是因為不斷又不斷地聽到這個東西，我終於忍不住踏出不尋常的一步，使用專業記者的技巧去調查「正念」是什麼，也就是上 Google 搜尋。

根據我的了解，「正念」基本上就是指全神貫注在當下，不留戀、不後悔過去，也不擔憂未來，只專心在**此時此刻**。這意味著感受你的知覺、你的情感、你的思想，也表示接受這些想法和感覺，而不去評斷是對是錯，也就是不要過度分析。

每一隻狗都是正念大師

根據正念提倡者的說法，正念可以讓人更放鬆、更平靜。正念訓練包括冥想，許多人都說這種訓練可以減輕壓力，變得更健康、更快樂。

所以，正念聽起來是個很不錯的訓練。

那你知道誰是正念達人嗎？至少是以牠自己的做法？

露西。

牠**總是**活在此時此刻，只為當下而活，既不留戀過往，也不擔憂未來；牠絕對不會過度分析。牠大部分時間都處在一種平靜、半冥想、我稱之為「狗打盹」的狀態，但牠總能感知到周遭的狀況，一有什麼事發生，馬上就會醒來，全神貫注，敏銳地意識到周圍的聲音、影像，當然還有氣味。

牠接受自己的感覺，不會批判自己，即使有時候感覺並不愉快。比如說，垃圾車來收垃圾時，牠會強烈抗議，牠無法相信我們居然袖手旁觀，任由他人拿走我們家的垃圾。但是垃圾車一開走，這件事就從露西的腦中消失了，露西又進入下一刻，通常就是回到狗打盹的狀態。牠完全沒有壓力，讓我很羨慕。

我對露西這種態度最欽佩的一點——終於進入本章的狗哲理——就是這種態度使牠成為最佳伴侶。雖說是陳腔濫調，但卻也真實無比：**沒有人能像你的**

狗一樣如此愛你。跟你的狗在一起時，你可能會心不在焉，但你的狗不會；你的狗永遠全心全意跟你在一起。如果你出門，你的狗會等著你回來，好跟你在一起，因為沒有什麼比跟你在一起更讓牠快樂。

週間我通常都在家裡，而露西總是在附近，跟著我到處走，等著看我在哪裡坐下，牠就在旁邊地板上趴下。如果我朝牠的方向走去，牠就會用尾巴砰砰地敲著地板，越大聲表示牠越高興。如果我去拍拍牠，牠整個身體都會開心地抖動；如果我跟牠說話，牠會專注聆聽，目不轉睛地看著我，頭歪向一邊，耳朵豎起，急欲吸取每一個字，尤其是如果其中包含「雞肉」。

牠不只是待在我身邊，而是真的**跟我在一起**。跟我在一起讓牠很快樂，與心愛的人享受當下的單純快樂。

那你知道誰很少經歷這樣的快樂嗎？我。

剝奪生命中最美好的快樂

我經常跟我心愛的人在一起，但是很少專注在當下。我要不就是在看手機——儘管我十五秒前才看過——要不就是在想些跟此刻完全無關的事情。而且大多數都不是多重要或多緊急的事情，但我的大腦仍堅持去想。這表示我經常心不在焉，是個差勁的伴侶。

這也常導致非常尷尬的狀況，比如說我跟蜜雪兒一起坐在餐桌前吃早餐，理論上我們在對話，但我的大腦決定去想些別的事情。這表示什麼呢？我的嘴巴——並不是我全身最聰明的器官——就得獨力奮戰維持這場對話，然而卻根本不知道自己在講什麼：

蜜雪兒：所以我有點擔心她。

我的嘴巴：嗯。

我的大腦（自言自語）：《陰屍路》最新一季今晚首播。

蜜雪兒：你想想，她為什麼會說那種話？
我的嘴巴：是啊。
我的大腦：一定要錄下來。
蜜雪兒：她以前從來沒說過這種話，至少沒對我說過。
我的嘴巴：嗯。
我的大腦：我上一集有錄影，所以這一集可能會自動錄下來。
蜜雪兒：你覺得她真的是那個意思嗎？
我的嘴巴：哼。
我的大腦：應該檢查一下錄影機。
蜜雪兒：什麼？
我的嘴巴：對。
我的大腦：要確定一下錄的是高畫質那臺。
蜜雪兒：你的意思是你覺得她真的是那個意思？
我的嘴巴：嗯。

我的大腦：高畫質跟普通畫質是不同臺。

蜜雪兒：喂，你有在聽我說話嗎？

此刻我的嘴巴意識到自己有麻煩了，於是透過神經系統傳送緊急回饋訊息給大腦。

我的嘴巴：救命救命救命！

我的大腦：怎麼了？

我的嘴巴：她想知道我們有沒有在聽她說話！

我的大腦：她在說什麼？

我的嘴巴：我不知道啊！

我的大腦：那就用力想啊！

我的嘴巴：我不會想！我是嘴巴！

我的大腦：現在我們麻煩大了，你這屁眼！

我的屁股：喂！不要把我扯進去！

蜜雪兒：你剛剛放屁了嗎？

我總是這樣[15]，而且不是只有對蜜雪兒。我即使跟一群人聊天，表現出一副聚精會神的模樣——眼睛盯著說話的人，頭在適當的時機點一下，嘴巴在意識到有人說了什麼好笑的話時露出微笑——卻**完全不知道**他們在講什麼。如果我的大腦正在治癒癌症或撰寫偉大的美國小說，那還不算可悲，但我的大腦偏偏總在思考極不重要或非常愚蠢的事情。

也就是說，我把許多時間花在刻意忽視別人。一次又一次，在根本沒有適當理由的情況下，我錯失了與人相處的單純快樂。而如果我忽視的是我心愛的人，那就是在剝奪自己生命中最美好的快樂。

貝瑞的鏡外音

⑮ 我不是說我總在放屁……也許我真的總在放屁，但我不是這個意思。

好像我有更愉快的事情可做似的，我真是個笨蛋。

這就是露西教我的第三條狗哲理：

露西的狗哲理 3

把注意力放在你心愛的人身上，此時此刻，不是等一下。

這也是每次有認識的人去世時，你就會重新領悟的真相。你會想起自己錯過多少次跟這個人聊天或相處的機會，你多希望時間能倒流。然後你發誓絕不再犯同樣的錯誤，好好跟還在世的家人和朋友相處。也許你會遵守這個誓言好一陣子，但是遲早——通常是早——你又會故態復萌，與心愛的人相處時心不在焉，做回 Android 的奴隸。

直到下一次的葬禮。如此回環往復，直到你自己的葬禮，然後大家把你的手機跟你一起下葬，以免你錯過任何一條重要的訊息。

你真的知道他是誰嗎？

這個沮喪的想法讓我停下打字的手，打電話給老朋友麥可・彼得斯（Mike Peters）。麥可是漫畫家，他的社論漫畫為他贏得普立茲獎，而他也是連環漫畫《鵝媽媽與格林》（*Mother Goose and Grimm*）的作者。他是世界上最親切溫和的人，我絕對沒有誇大其詞，在他面前，連達賴喇嘛看起來都像紅色高棉的獨裁者波布。如果有一隻黃金獵犬變成人，那就會是麥可・彼得斯。認識新朋友時，他總是如此興奮、如此開心，甚至讓對方以為他不是真心的。

「他不是假裝的！」麥可跟這些人擁抱時，我會說，「他人真的就是這樣！」

關於麥可，你還應該知道兩件事：

一、他是我認識最快樂的成年人。

二、他總共擁有過**七件**超人裝。16

我是透過另一位漫畫家傑夫・麥克內利（Jeff MacNelly）認識麥可的。傑夫也是一位極為出色的漫畫家，除了獲得許多獎項外，他的社論漫畫還贏過三次普立茲獎；他也是知名的連環漫畫《鞋》（*Shoe*）的作者。傑夫是個超級無敵搞笑的人，體型龐大、喜愛戶外、笑聲宏亮、想法滑稽顛覆、隨時隨地都樂趣無窮。他大可加入華盛頓的上流社會，但他寧可待在自己的農場上，駕著小卡車開過泥坑。

貝瑞的鏡外音

⑯八歲的聖誕節，他媽媽送給他生平第一套超人裝。麥可回憶道：「那套超人裝對我來說就像都靈裹屍布一樣貴重，我根本捨不得穿。於是我把它掛在衣櫃裡，整個聖誕節就坐在那裡看著它。我曾穿上過幾次，但是不想把它弄髒。我那時會從房間窗戶往外望，等著有人做壞事。我記得有一次，某個人從車窗裡丟出一個塑膠杯，我見了便穿上超人裝，跑出家門，飛到杯子那裡，撿起來，然後又飛回家，把塑膠杯丟進垃圾桶。接著我回到房間，脫下超人裝，小心地掛回衣櫃裡，等著下一次有機會再穿上。」

傑夫還在不少家報紙上為我的幽默專欄畫插畫。幾年下來，我們喝過好幾回啤酒，成了好朋友。工作上與傑夫合作也是一種享受，有時候，我的專欄拖稿拖太久，他就會打電話來，問我內容大概是什麼，這樣他就可以先開始作畫。而我則回答得很含糊，像是：「噢，就是有個男人坐在馬桶上，然後睪丸被蛇咬了。」傑夫會問：「什麼蛇？」我會答：「眼鏡蛇。」傑夫便說：「好。」接著掛斷電話，畫出一幅超讚的漫畫，比我的專欄還好笑。

一九九九年，傑夫打電話給我，告訴我他得了淋巴瘤。我說了一般人都會說的那種不得體的「啊，很遺憾」之類的話，但傑夫不准我們任何一個人消沉沮喪。

「醫師跟我說，如果要得癌症，這是最好的選擇。」他說，「所以，我應該要很興奮囉！」說完他就用那宏亮的聲音開懷大笑。

不論在何種狀況下，傑夫都能找到幽默之處。

不到一年，他就去世了。他一直到最後一刻還在工作，在約翰霍普金斯醫院的病床上畫漫畫。

葬禮在他位於維吉尼亞州的農場附近舉行。幾個月後，我們一群朋友為了另一場更小型的儀式相聚在邁阿密西礁島，這是傑夫生前熱愛的地方。他的妻子蘇西帶來了他的骨灰，計畫跟我們一起坐小帆船出海——傑夫很愛坐船——然後用馬鈴薯炮把他的骨灰撒到海上；傑夫一定會喜歡。

於是我們便這麼做了。有人說了幾句話，然後傑夫的骨灰就砰的一聲被撒到大西洋上。大夥盡情地哭了，也盡情地笑了，還喝了點香檳。

在返回碼頭的航程上，我和麥可．彼得斯並肩坐在甲板上。我們兩人望著海水，聊傑夫生前的事。麥可是傑夫最好的朋友，最後那段艱苦難熬的時期，他都在醫院陪著傑夫。麥可跟我說，有一次醫護人員來巡房時，他發現自己想要確定他們真的知道傑夫是誰——希望他們知道傑夫不只是眾多病人之一，而是榮獲獎項的知名漫畫家。麥可說明後，醫護人員答道：「我們知道這是麥克內利先生。」換句話說，他們知道他的名字，但這當然不是傑夫的意思，他想讓他們知道**傑夫是誰**，希望他們敬佩他的為人、他的成就、他的名聲、他的榮譽、他的事業。

可是醫護人員沒有時間去敬佩傑夫的事業，他們得專心致志於完成自己的工作。對他們來說，傑夫**只是**眾多病人之一，護理完之後，就得繼續護理下一個病人，然後再下一個。傑夫只是病歷表上的一個名字：

麥克內利先生。

到最後，你真正擁有什麼？

麥可說，他看著他最好的朋友越來越虛弱，心裡卻想著這件事，然後領悟到：**到了最後，唯一重要的，你唯一擁有的，是你心愛的人。**不是你的工作，不是你的事業，不是你的獎項，不是你的金錢，不是你的財物；而是你身邊的人。

我問麥可這個領悟有沒有改變他，他說有。過去他工作時，如果妻子或小孩跟他說話，他會心不在焉地聽著，手裡還是握著畫筆，眼睛還是看著自己的畫稿，藉此傳達出：**我很忙，現在沒空陪你，我還有工作要做。**但現在呢？他會逼自己放下畫筆，把目光從畫稿上移開，看著對方，然後**聆聽**。不管對方講多久，他都會一直聽，即使工作得延遲也沒關係。

「你現在還是這樣嗎？」我問。（這時離傑夫的葬禮已經過好幾個月了。）

「還是。」他答。

這場對話至今已有十五年了，但每次有什麼悲劇把我從生命中的瑣事震醒，要我把注意力放在真正對我有意義的人身上，我就會想起這段對話。於是寫到這裡，我決定打電話給麥可，看看（一）他還記不記得這場對話；（二）如果心愛的人打斷他工作，他是否仍會把畫筆放下。

兩個問題他都給予絕對肯定的答覆。現在打擾他工作的多是孫兒孫女，而且他們不是想跟他說話，而是要他一起去跳彈跳床。但他仍舊會放下畫筆，起身去跳彈跳床。

所以，總結來說：

- 每分每秒，露西都盡可能與心愛的人待在一起，這使牠成為一隻快樂的狗。
- 麥可．彼得斯是個忙碌的漫畫家，時時面對著截稿的壓力，但仍決意撥出時間給心愛的人，跟他們一起跳彈跳床；而他是我認識三歲以上最快樂的人。

這兩個快樂的靈魂以身作則，教會我們一個重要的人生哲理，而我試著去做到。我努力把注意力放在身邊的人身上，尤其是我心愛的人，同時把手機留在口袋裡。這並不容易，首先，有時候我心愛的人**自己**也在看手機；再者，我的手機總是時時刻刻呼喚我。

「大衛！」它會在我的口袋裡大喊，「喂，大——衛——！你已經有**將近**

九十秒沒看推特了！如果有人貼文了怎麼辦？如果是有**藍色標記**的人貼文了怎麼辦？大衛？還有臉書呢？大衛？如果五十年前跟你幾乎沒來往的高中同學分享了一段熱門政治影片或是一張晚餐開胃菜的照片**而你卻還沒看到，怎麼辦？大衛？**」

手機的呼喚如此強烈，但我可以更加堅強；我可以成為一個更好的丈夫、更好的父親、更好的朋友，更好而且更快樂的人。我可以學會正念。人生只有一次，我可以停止把此生的一分一秒浪費在後悔已經無法改變的過去，或是擔憂可能根本不會發生的未來；我可以教導自己把心神專注在唯一重要的時刻，也就是**此時此刻**，並把這珍貴的時間用來珍視、用來**鍾愛**我心愛的人。

就從現在開始！

等我看完手機之後。

露西的狗哲理 4

讓心中的憤怒隨風而逝，即使不能原諒也要遺忘

但不包括跳針的有線電視客服人員，

要我說幾次是纜線斷掉！

如果要我列出我特別擅長的五件事，我大概會列出：

- 挖苦。
- 奚落。
- 用手放屁。
- 在婚禮上找到吧檯的位置。
- 第一眼就痛恨陌生人。

這章我想要談的是最後一點，我的功力已到達黑帶等級。

讓我失控的五十道陰影

比如說一群人排隊買冰淇淋，你在隊伍的最前面，而我在後面某一個順位。假設這間冰店是會答應讓客人試吃來決定要買哪一種口味的店好了。

我不反對你試吃，甚至你想試吃**兩種**口味，我也沒意見，儘管後面大排長龍。前提是你只是試吃一下，然後做出決定，就不會惹毛我——好啦，其實你試吃兩種口味是有點會惹毛我，但還不至於痛恨你。

可假設你是那種明明知道後面還有很多人在排隊，卻還花個三十秒鐘試吃每一種口味的人——歪著頭、舔著嘴唇，像是在品嘗昂貴的葡萄酒——然後還要跟同伴分享對每一種口味的意見（你總是會有同伴，而且你的同伴也總要試吃好幾種口味）。大概試完第三或第四種口味後，你若有所思地皺起眉頭，像是在考慮要不要買房子般猶豫不決，然後把臉從同伴轉向櫃檯後面已不堪其擾、手裡拿著冰淇淋勺等你做出決定的店員——此時後面的人龍越來越長了——說道：「讓我再試一次椰子波森莓瑞典蕪菁羽衣甘藍口味。」

這樣我就會痛恨你。就算你是人道主義者，自己出資力圖拯救第三世界生了重病的孤兒，此時只是休息一下出來吃個冰，我依舊會痛恨你。如果排在後面的每一個人都跟我一樣痛恨你，我們充滿仇恨的目光將會使你的身體立刻起火燃燒。

或者你在速食店或電影院的販賣部，無視放大的菜單一直顯眼地掛在上方，偏要等走到櫃臺前面才**開始**慢慢地研究菜單，我也會非常痛恨你。

或者是你開車超越一長排等著下交流道的車輛，就是想在前面插進車龍。

或者是你一在紅燈前面停下來，馬上就低頭滑手機，而且顯然根本沒想到偶爾抬頭看一看，因為誰知道呢？在這個瘋狂的世界裡，**紅燈可能又會變綠**。這表示紅燈**真的**變綠之後，我為了提醒你前進——因為我**總是**在你後面——就得按喇叭，然後你就會從後照鏡不耐煩地瞪我一眼，像是在說：你沒看到我在打簡訊嗎？

或者是你講手機講得超大聲，周圍的人都得跟著聽你那愚蠢無比的對話。

或者是在音樂會或體育賽事上，周圍明明沒人站起來，你卻老要站起來，逼得後面的人——我**總是**在你後面——也得站起來或是不斷請你坐下，惹得你也不爽快，因為你認為站起來代表你是**真正的**粉絲，但其實你只是個混蛋。

或者是你抽雪茄，逼得其他人也得一起聞雪茄的味道。

或者是你隨地亂丟垃圾。

或者是你彈手指要服務生過來。

或者是你在行人眾多的公共場合，坐在你的哈雷機車上，無緣無故只是為了愛現而不停催動那愚蠢又吵雜的引擎。

或者是我幫你把門拉開、讓你先走，你卻連看也不看我一眼，更別提說聲謝謝了。

或者是你在早餐演講會上說了「早安」之後，見到睡眼惺忪的觀眾含糊地吐出「早安」二字，卻不馬上開始演講，反而說：「噢，可以更大聲一點吧！」然後要觀眾**再**說一次「早安」，然後你才自鳴得意地微笑說：「好多了！」彷彿你的做法有多新穎多聰明，其實根本就又老套又煩人。**請直接開始你那愚蠢的演講，讓我們喝咖啡好嗎？**

所有這些行為，還有其他更多行為——別逼我講到飛機上的乘客——都會使我一秒痛恨完全不認識的陌生人。我一天之內可以痛恨十幾個陌生人，如果我在邁阿密開車，而周圍的汽車駕駛形同腦殘的扁蟲，我可以在**一分鐘內**恨上幾十個陌生人。

看到這裡，你大概會想：**哇，大衛，聽起來你好像有憤怒管理的問題。**

我沒有憤怒管理的問題，我只是對白痴和混蛋的容忍度很低，所以你最好把你的業餘遠距離精神分析**塞進你的……**

抱歉！好吧，也許你說得沒錯：我是個容易憤怒的人。但你從外表大概看不出來。如果你是那個在長龍前面試吃多種冰淇淋口味的混蛋，碰巧回頭瞥見我，你會看到一個溫和平靜的七十歲老人，頂著一九六四年披頭四帶動的髮型。你絕對想不到我正在想像你在沒有麻醉的狀況下，被一隻紅毛猩猩用沒消毒的扳手，進行腦葉切除手術。

這是因為我總是把自己的憤怒隱藏起來。我把憤怒憋在心裡，除非是被挑釁到忍無可忍的地步。我所說的「挑釁」，其實就是「客戶服務中心」。

斷掉的第四臺纜線和我的理智線

幾年前的某個下午，我在家工作——我說的「工作」，其實不是工作，而是看著電腦螢幕——網路突然斷了。沒過多久，威爾弗多來敲我的窗戶。威爾弗多是我們家勤奮的園丁，每週都在勇猛作戰，防止院子裡的佛羅里達植披強勢侵入屋內，並在凶殘的光合作用下滅絕人類。威爾弗多一臉抱歉地告訴我，他在修剪樹籬時不小心把電話和有線電視的纜線切斷了。他帶我到屋外，把從杆子上垂下的兩條纜線指給我看。

我有些氣惱，但還沒到憤怒的地步。我要威爾弗多別擔心，然後用手機打電話給電話公司 AT&T。客服人員很快就了解問題所在——也就是電話線被切斷了——並答應派人來修理。修理人員很快就到了，一小時後電話就修好了。

打完電話給 AT&T 後，我又打電話給有線電視公司，我稱之為「笨卡斯特」，它真正的名字是「康卡斯特」。

在線上等了一陣子，又按了不少選項之後，我終於得以跟笨卡斯特的客服人員說話，不過這位客服人員遠在異地，英語顯然不是母語，恐怕連第一外語也不是。這場對話我沒錄下來，但基本上內容是（如果你覺得我在誇大，那你就是從沒被笨卡斯特服務過）：

客服人員：你能告訴我名字嗎？這樣我就可以無謂地不斷重複你的名字？

我：大衛・貝瑞。

客服人員：謝謝你，大衛。你需要什麼協助呢？

我：我的有線電視壞了，園丁不小心把纜線剪斷了。

客服人員：大衛，我了解了，你的有線電視壞了。

我：沒錯，園丁把纜線剪斷了。

客服人員：大衛，很抱歉你的有線電視壞了，我會為你解決這個問題的，大衛。

我：謝謝。

客服人員：大衛，請問你家裡有幾個機上盒？

我：四個。

客服人員：謝謝你，大衛。那麼，大衛，請問這幾臺電視有哪一臺能收到訊號，大衛？

我：全都不行。現在我家裡的有線電視完全不能收看，因為纜線斷掉了，被樹籬修剪機剪斷了。我可以看到纜線從杆子上垂下來。

客服人員：謝謝你，大衛。我了解了，你所有的機上盒都沒有作用。

我：沒錯，我們現在看不到有線電視，但問題不在機上盒，而是纜線整個被剪斷了，纜線根本沒連接到屋裡，所以我需要有人過來修理纜線。

客服人員：謝謝你，大衛，我會為你解決這個問題，大衛。

我：好，謝謝。

接著是一段漫長的沉默，我還以為電話斷線了。最後客服人員又回來了。

客服人員：能請你幫我一個忙嗎，大衛？

我：當然。

客服人員：大衛，請你走去你的主要機上盒，拔下插頭，然後等個三十秒，再把插頭插回去。你能這麼做嗎，大衛？

我：為什麼？

客服人員：這樣可以重新設定你的機上盒，大衛。

我：但是問題不在機上盒，問題是纜線被剪斷了。

客服人員：大衛，有時候重新設定機上盒就可以恢復收視，大衛。大衛大衛。

我：請聽我說，問題不在機上盒，問題是纜線被剪斷了。你懂嗎？有線電視的纜線被剪成兩半，根本沒連在一起，所以有線電視的訊號根本無法傳到屋裡，你必須派個人過來修理纜線。

又一陣沉默。

客服人員：大衛，請問你的主要機上盒型號是？

到了這個地步，我終於忍無可忍，開始對那個客服人員大吼大叫。我常想像那晚他回到家後，會用自己的母語對另一半說：「你絕對不會**相信**今天我在客服電話上遇到什麼樣的白痴！連叫他把機上盒的插頭拔掉他也不懂！」

最後我得以跟另外一位笨卡斯特客服人員通話。這位客服人員有些不情願地同意問題大概是出在纜線被剪斷，然後安排了一個修理的時間。我為對第一位客服人員大發脾氣感到有些內疚，其實真的不是他的錯，錯的是笨卡斯特的主管決定把客戶服務外包給那些遠在異地的人，而他們的教育訓練就只有一份顯然以美國早期脫口秀明星艾伯特和柯斯特洛為範本的講義。

斧頭殺手滿意度調查

我曾幻想過一個情境，一位有線電視公司主管在深夜打電話給一一九，結果發現警政單位為了削減成本，把一一九的接線生工作外包給有線電視公司：

接線生：謝謝您選擇一一九。您有什麼緊急事件嗎？

主管：有人闖進我家！他還拿著斧頭！

接線生：您的姓名和地址是？

主管：鮑伯．提蒙斯，拜爾克街一二三號。請趕快派人來！

接線生：謝謝您，鮑伯。鮑伯，我了解了，您說有人闖進您家？

主管：沒錯！他拿著斧頭！拜託你趕快派人過來！

接線生：鮑伯，很抱歉有人拿著斧頭闖進您家，我會解決這個問題的。

主管：趕快！他要上樓了！

接線生：鮑伯，為了能夠協助您，我需要問您幾個問題，好嗎，鮑伯？

主管：好！但是請趕快！

接線生：鮑伯，首先請告訴我，您有同意讓這個人進入您家嗎，鮑伯？

主管：當然沒有！他自己闖進來的！用斧頭闖進來的！

接線生：謝謝您，鮑伯。我了解了，您說這個人沒有得到您的同意就進入您在艾爾克街一二三號的家，對嗎？

主管：不對！是拜爾克街一二三號！

接線生：那麼鮑伯，您說您在拜爾克街一二三號？

主管：沒錯！

接線生：但是闖入者在艾爾克街一二三號？鮑伯？

主管：不對！他在我家！他正用斧頭破壞臥室的門！拜託趕快派人來！

接線生：鮑伯，為了進一步協助您，可以請您描述一下斧頭的樣子嗎？

電話另一頭傳來吼叫聲、掙扎聲、尖叫聲，然後一片沉默。

一個新的聲音接起電話。

聲音：你是誰？

接線生：這裡是一一九，您是鮑伯嗎？

聲音：不是。

接線生：您有緊急事件嗎？

聲音：沒有了。

接線生：所以問題解決了？

聲音：對。

接線生：您願不願意就一一九的服務，做一個簡短的客戶滿意度調查？

聲音：當然。

現在你一定在想：**大衛，想像一個有線電視公司的主管被斧頭砍死，會不會太誇張了啊？想像他被關在監獄裡應該就夠了吧？**

你想的當然沒錯，如果你指的是單獨監禁的話。但我的重點是，我有憤怒管理的問題。別人再平常不過的行為也會使我不尋常地感到惱怒，所以我常常感到憤怒，而且我會把憤怒憋在心裡。我等於是把滿腔怒火放在心裡悶燒，這樣當然不健康。但要是我把憤怒顯露出來，別人會以為我有病，因為如果我真的大發雷霆，就會在公共場所大喊：「**你已經試過椰子波森莓瑞典蕪菁羽衣甘藍口味了！你他媽的趕快決定要買什麼口味吧！**」

那麼，我該怎麼辦？

答案就是——你大概也不會感到吃驚——跟露西學習。

混蛋不會因為你生氣而不做混蛋

露西會生氣嗎？當然會。我之前講過，每次垃圾車來收我們辛苦累積的垃圾，牠就會很生氣。有時候，我們出門散步去找絕對恰當的地方撒泡至關重要的尿時，也會遇到露西覺得是混蛋的狗——基於某種我無法察覺到的微妙犬類標準，不過我不會質疑露西的判斷。

露西也不喜歡固特異飛船（Goodyear Blimp）。偶爾我們家上空會飛過一艘固特異飛船。顯然在遠古時代，原始的飛船曾對露西的祖先做出什麼可怕的事，至今露西仍未遺忘，或者仍未原諒。每次固特異飛船出現，牠就會憤怒地對它狂吠，一直到飛船離開。而飛船最後總是會離開，因為儘管它體積龐大與聲名遠播，其實卻是個膽小鬼。

所以露西也會生氣，只是牠不常生氣，而且，最重要的是，牠生氣的時間從來不會太久。只要牠生氣的對象一消失，牠的氣就消了，又恢復到心平氣和、無憂無慮的狀態，忙著打盹和放屁。牠不會老想著過去生氣的事，就讓心中的憤怒隨風而逝。

我也該學會這一點。我不是說我能夠或應該完全無視世界上的混蛋，但我必須接受一些事實：

- 我痛恨某個混蛋的混蛋行為對那個混蛋來說根本不痛不癢。那個混蛋就是個混蛋，根本不會知道我的感受。所以我在那裡怒火中燒，只會讓自己不快樂。
- 大多時候混蛋行為所引起的問題都是輕微且短暫的，像是在排隊的人龍裡多等個幾秒鐘，僅此而已，根本沒必要為此惱怒，或者與人發生衝突。
- 如果我去認識那些讓我不爽的陌生人，我大概會發現其中有些人並不壞——也許是大多數——我可能還會喜歡他們。
- 除了那個老是催動哈雷機車引擎的人，他絕對是社會的害蟲。

沒有啦，說真的，就連那個騎哈雷機車的人大概也有優點。只要給對方機會，你就會發現大多數人都有優點。如果真的沒有——對方就是個人渣——那麼他們的生命可能已經很悲慘了，我的憎恨也不會使他們更難受，只是浪費自己的時間、消耗自己的精力和糟蹋自己的生命。

所以這就是露西教我的第四條狗哲理：

露西的狗哲理 4

讓心中的憤怒隨風而逝，除非是真的很重要的事，但機率應該不高。

我絕對需要學會這一點。我需要放鬆、冷靜，原諒和遺忘（或者至少遺忘）。我需要深深吸一口氣，然後慢慢吐一口氣，讓所有的憤怒、壓力和焦慮流出我的體外，如同某種（請原諒我的形容）情緒的灌腸。

每個人都需要情緒的灌腸

你知道還有誰需要學會這一點嗎？

每一個人。

我是說真的。這個世界**充滿**怒氣，不信你戴上護目鏡去看看臉書。

如果你剛從漫長的昏迷狀態中醒來，請容我跟你解釋：臉書是一個社群網站，每天有幾十億人定期造訪，目的就是為了讓一個叫做馬克·祖克柏的傢伙有錢到不行。如果你加入臉書，就會有一個個人的虛擬「網頁」，在這裡你可以分享文章、照片、影片、網站連結等等，你也可以跟別的臉書使用者成為「朋友」，就可以看到彼此的網頁，並在此互動。

我之所以加入臉書，是因為我有很多親朋好友在上面，可以藉此維繫人際關係，又不用真的跟對方見面或交談。你可以看到他人在臉書上分享的人生里程碑，像是生日、婚禮、紀念日和死亡；你也可以看到他們的小孩、孫子女、假期、寵物、傷口[17]等等的照片；還可以看到一大堆食物的照片，顯然有些人覺得他們吃的東西算是人生的里程碑。

我覺得臉書最棒的是，你輕輕按一下表情符號，就可以表達對他人生活的觀感。表情符號就是顯示各種情緒的小臉，到目前為止，臉書上可用的表情符號有「讚」、「愛心」、「哈哈」、「哇」、「難過」、「生氣」。所以，如果你的臉書朋友家中有喪事，你不再需要辛苦地寫信或致電，只要點一下「難過」，就算是誠摯地致上你的哀悼，然後就可以回到忙碌的生活了。

好啦，其實這樣有點敷衍，但好過什麼表示都沒有，而且臉書讓我這個孤立到可憐的人（請見露西教我的第一條狗哲理）多少還能夠跟我關心的人保持聯繫。這就是為什麼我會上臉書，我喜歡它的社交層面。

貝瑞的鏡外音

⑰ 真的！我在臉書上真的看過別人的傷口！

但是我不喜歡它的政治層面，就像是有毒的黴菌不斷擴散，我寧可看傷口的照片。

我不是說人們沒有權利表達自己的政治觀點，大家都有權利想說什麼就說什麼，也有權利不理會我的意見，我只是不希望人們用臉書來宣傳政治。網路上總是充斥著政治言論，我不想看到政治還夾雜在別人孫子的照片之間。

我不是討厭特定的政治觀點，而是不喜歡發文的語氣。如果是：「嘿，我對這件事的想法是……，原因是……」那我一點都不介意，或者是：「你覺得呢？讓我們敞開心胸討論討論！」也沒問題。

但是討論政治的語氣並非如此，而是憤怒的口氣，不只在臉書上，其他地方也一樣，到處都是憤怒，甚至是用**粗體字表達的憤怒**。不僅如此，還往往過分危言聳聽，每個事件都是**史上最糟糕的事**，而且為了使不愉快的感覺更加完美，還會採取說教、譏諷、輕蔑、高人一等、自以為是、自鳴得意的口氣。不管討論的內容為何，基本的訊息就是：這是我的看法，而且不容置疑，如果你有不同意見，那你就是愚蠢或是邪惡，或者又愚蠢又邪惡。

也許你是保守派，認為我在講激進派。

也許你是激進派，覺得我在講保守派。

但你錯了，我在講的是**你**。

我不是說不要關心政治。

我不是說不要捍衛你的理念。

我不是說不要與意見不同的人辯論。

我的意思是：**不要仇恨**。不要開口就辱罵，先試著跟對方交談，試著聆聽對方。就算你不同意——甚至是痛恨——對方說的話，也不要讓仇恨淹沒你。保持冷靜，吸氣，呼氣。記住：不管你覺得今天的世界有多糟，不管你覺得我們的領袖多無能，不管你覺得美國的同胞有多愚蠢，我們的國家都曾經歷更悲慘的時期，像是南北戰爭、九一一、經濟大蕭條，和持續六季的實境秀《玩咖日記》（*Jersey Shore*）等等。那些我們都克服了，今日的世界我們也能戰勝。

所以，讓你的憤怒隨風而逝。就算你認為我太天真，對未來太樂觀，你**仍舊**應該讓憤怒隨風而逝。憤怒無法實現你的理念，無法傷害你認為是敵人的人；憤怒最大的作用是讓你不快樂。

就讓憤怒隨風而逝吧。

還有，康卡斯特，如果你也在讀這本書：我原諒你。

暫時。

露西的狗哲理 5

試著不要以貌取人，也不要太在意自己的外表

即使沒有享受過「天堂七分鐘」，

也要堅強地活下去（哭）！

我們帶露西出去散步時，偶爾會遇到住在附近的一隻公狗。我怕牠會讀這本書，知道我在講牠，所以姑且叫牠布魯特斯。我不知道布魯特斯是什麼特殊的品種，所以稍微描述一下牠的樣子：布魯特斯長得很醜，看起來像是狗和蟾蜍的混血。個子又矮又胖，臉部完全扁平，彷彿是歷代祖宗不斷把臉高速撞向玻璃門後演化而成的品種。布魯特斯的雙眼距離極寬、又圓又凸，凸到令人擔心會掉出來滾到地上。此外，牠的下顎比上顎還凸，下排牙齒從流著口水的嘴巴參差不齊地凸出。

所以囉，布魯特斯稱不上美觀，但是不要跟牠講喔！因為布魯特斯自認是大眾情人，每次牠看到露西，就會勇敢無畏地衝過來，身上的狗鏈把主人拖在後面跑。興奮地喘著氣的牠會用又粗又短的腿蹦蹦跳跳，圍著露西繞圈子，把狗鏈都打結了，就為了尋找一個合適的角度與露西達到某種程度的親密關係。可惜由於高度的差距，除非有個小凳子，否則根本辦不到。但布魯特斯堅持不懈，把牠扁平的口鼻盡可能貼近露西的臀部，用牠抖動的突變身軀顯示牠**準備好要嘿咻了**。

至於露西，牠也很有興趣。牠會搖著尾巴，在布魯特斯圍著牠繞圈時深深吸入布魯特斯的味道。不過事情就到此為止，因為一、兩分鐘後，雙方的主人就會把兩隻狗分開，好繼續散步。但就在那一、兩分鐘內發生的事，堪稱神奇。空氣裡瀰漫著愛，我眼中的基因失誤，在露西眼中是個美麗的生靈。

狗狗相遇常常就是這種狀況。沒錯，有時候兩隻狗會從一開始就不對盤；還有些狗，尤其是那些喜歡尖聲吠叫、可以捧在手掌上的迷你狗，彷彿誰都痛恨，不管是狗或是人。但大多時候，根據我的經驗，當一隻狗遇到另一隻狗，會有以下反應：

嘿！你是狗，我也是狗！天哪，我們都是狗！讓我們聞聞彼此的私領域吧！哇！你散發出的氣味又強烈又特別耶！再多聞一下吧！哇！再多聞一下吧！哇！再多聞一下吧……

就這樣持續下去，兩隻狗熱忱地探索對方，然後玩在一起。如果狀況合適，甚至會開始嘿咻。牠們才不在意對方是什麼品種、什麼體型、什麼年紀，也不會顧慮對方的長相。為了嘿咻，有些公狗甚至不在意對方到底是不是**狗**。

人的腿、擱腳凳，或是（我真的親眼看過）放在地上的鏈鋸，在熱情無比的公狗眼中全都是完美的性伴侶。

這是狗狗特別令人讚賞的一點，不是牠們跟電動工具嘿咻的能力——不過你真的得欽佩牠的自信——而是牠們不會以貌取狗，既不在意自己的外表——他們甚至**不知道**自己長怎樣——也不在意別人的外表。我不會過度詮釋，說牠們只以對方的內在特質評斷對方，但顯然牠們並不為外表所苦。

長毛象時期的弗來德與玫寶

反觀人類就**太在意**外表了。我們時時都在改變、修整自己臉、頭髮和身體；我們不惜挨餓；讓醫師在我們的胸部、鼻子、下巴、臉頰、眼瞼、耳朵、脖子、手臂、肚子和臀部動刀，好讓這些部位看起來更像別人的胸部、鼻子、下巴等等。我們付錢把肉毒桿菌打進臉部；付錢把管子插進大腿，吸出裡面的脂肪；付錢讓人把一條條沾著熱蠟的布條貼在私密處，然後撕下來（只把布條撕下來，生殖器會留在身上）。

沒有狗會去做上述任何一件事。如果有哪隻狗會（一）說話，（二）理解私密處除毛是什麼意思，牠會說：「我會喝馬桶裡的水，但是除毛我打死也不幹！」

為什麼人類如此在意外表呢？不幸的是，這個特質深藏在人類的生物特性裡。現代人出現在十萬年前左右的更新世，之所以稱為更新世，是因為那時地球上有很多更新岩。為了確保物種存續，早期的人類必須繁衍，做法就是——請注意——跟別人交配。繁殖力強的人可以生出更多後代，也意味著比起繁殖力不那麼強的人，更有可能把基因傳給後代；演化就是如此運作的。

所以，假設有兩個更新世的男子，鮑伯和弗來德（假名）。鮑伯為人細心、安靜、內向。他個子偏小，不特別強健，喜歡欣賞夕陽美景，在海灘上靜靜漫步——假設那個時代有海灘。鮑伯有性慾，但他希望性是一段充實多元、相互滿足的關係中的一環，而非只是某種生理行為。他遇見喜愛的女性時——姑且稱之為娜歐米——會慢慢來，因為他想先認識她，並給對方時間認識自己；他想確定彼此真的**合適**。

弗來德比鮑伯高大，而且肌肉更多，性格也更強勢。他企圖跟遇到的每個女性交配，即使對方用肢體語言表示沒興趣，像是用石頭砸他的臉，他也不灰心。他會去找別的目標，深信自己遲早會上壘。

而他也真的上壘了。有些更新世的女性——姑且稱之為玫寶——偏好高大強健、性格強勢的男性，因為她們相信這樣的男性更有能力保護她們，為她們獵回長毛象的腰腿肉當晚餐。弗來德一輩子會跟幾十位女性交配，包括娜歐米，因為娜歐米厭倦了等待鮑伯鼓起勇氣邀她一起去更新世的高中畢業舞會。

試問：哪個男性更有可能把自己的基因傳給後代？

沒錯：已去世的《花花公子》創辦人休．海夫納（Hugh Hefner）。開玩笑的啦！休．海夫納這樣的人種是到全新世早期才出現的。弗來德顯然贏了這場繁殖競賽，之後的人類世代包含了更多弗來德與玫寶，更甚於鮑伯與鮑伯試圖贏得芳心的女性。

後長毛象時期的弗來德與玫寶

這樣的篩選過程持續了好幾萬年，直到文明世界變得更文明，體格特徵對人類的存活便不再那麼重要。今日的女性不需要男性為她獵來長毛象的腰腿肉，因為在亞馬遜就可以訂到[18]，但是因為弗來德／玫寶的基因已經主宰了這麼多年，現代人仍舊偏好某種長相。曾有研究人員做過實驗，給受試者看各種不同類型的人的照片，然後請他們決定誰最有吸引力。研究結果被維基百科總結為：

男性通常會被個頭較小、外表年輕、臉部對稱、胸部豐滿、嘴唇豐厚，而且腰臀比低的女性所吸引；而女性通常會被個頭較大、臉部高度對稱、雙型陽剛面孔，且肩膀寬厚、腰部相對較細、軀幹呈倒三角形的男性所吸引。

貝瑞的鏡外音

⑱真的可以！

如果上面的解釋聽起來太專業，你也不想查「雙型」的意思，那麼讓我為你翻譯成白話文：科學研究顯示，一般人會被看起來不像自己的人吸引。

好啦，也許我是有點自我投射，也許你真的具有異性所偏好的外貌特徵，例如你看起來就像布萊德彼特，或是碧昂絲，或是查寧坦圖，或是史嘉蕾喬韓森，或是丹佐華盛頓，或是潘妮洛普克魯茲，或是已去世的李小龍，或是所有種族和民族中的俊男美女——我不想冒犯任何人。如果真是如此，算你幸運。

但很多人並不具有能吸引弗來德／玫寶的長相，比如說，我。我看起來就不是那種在原始時代會去獵長毛象的人，我比較像是那種會保持安全距離，然後跟獵長毛象的人開玩笑的人（**弗來德，露出你的胳肢窩！長毛象一聞就會昏倒了！**），但是我的聲音不會大到讓那些獵人真的**聽到**我；我的策略是用幽默去贏得原始女性的芳心，讓她們有意願跟我交配。當然，這種做法根本沒效，因為原始女性也許原始，但並不笨。她們不需要笑話，需要的是蛋白質。

不過這是很久很久以前的事了，在現代，許多女性在研究調查中都表示，男性最吸引人的特點之一就是幽默感。她們真的這麼**說**，而我覺得她們也真的如此認為；她們希望自己是會受幽默感吸引的人。

但她們的**基因**仍舊想要弗來德。

無緣進入的天堂，一秒也不行

我這個廣泛的[19]歸納是根據自己多年擔任班級小丑的經驗：我總是想用稀奇古怪的笑話贏得女性的芳心，但卻一次又一次慘敗。經歷過一段天真無邪、無憂無慮、把時間花在炸毀信箱的童年後，我跌跌撞撞地進入青春期。我依舊記得——**清清楚楚**地記得——那段坎坷的歲月。我就像是身處在外星人一個接一個侵入人體的恐怖電影裡，只不過侵入我體內的不是外星人，而是青春期。本來，教室裡坐在你旁邊的是個女孩，隔天你轉頭去看，卻發現旁邊是個**女**

貝瑞的鏡外音

⑲ 哈哈哈……

人，有**胸部**。而男孩的身體也經歷劇變，只是通常沒女孩那麼早；我自己就是到了三十七歲左右青春期才結束。

相較於我的生理變化慢得可憐，我的情緒改變卻像火山爆發。突然間，童年那些模糊的感覺和渴望全指向一個特定、迫切的焦點（**胸部！**），我突然對性和性的運作方式非常非常感興趣，而且最感興趣的是我自己有沒有可能親身去體驗。幸好，那個年代跟我年紀相仿的男生，有管道取得大量的實用資訊，那就是年紀稍大一點的男孩。這些男孩——儘管他們沒有親身經歷——已從年紀稍大一點的男孩那裡聽到各種可靠的謠言；而這些年紀稍大一點的男孩，又是從年紀更大一點的男孩那裡取得資訊；而這些年紀更大一點的男孩，據說認識某些年紀又更大一點、而且自稱有過算是性行為的男孩。

為了加強這方面知識的基礎，那個年代的男生還有另一個寶貴的資訊來源，也就是全國策略性大量儲備的過期《花花公子》雜誌，儲備地點就在家家戶戶的兄長床墊底下。說到致力於資源回收，今日的「綠色」運動根本比不上一九五〇、六〇年代的兄長們，因為他們從來不會丟掉任何一本《花花公子》，而且冒著一輩子背痛的風險，英勇地睡在早已變形的床墊上（因為堆在下面的雜誌體積已猶如一匹死馬）。

我沒有兄長，但我的朋友有兄長，於是我們花好幾個小時盯著那些胸部猶如探空氣球的裸女照片，加強自己對性的理解。青春期的賀爾蒙使我們慾火焚身，一不小心就會勃起，隨時隨地，甚至是學校擁擠的走廊上，這時你就得立刻把地球科學課本不自然地舉在前面，好遮住褲襠處的帳篷。

我天真無邪的童年結束了，我開始對女生感興趣，**真的**很感興趣，尤其是可愛的女生。可問題是，可愛的女生對我不感興趣，至少不會把我視為潛在的男朋友。她們感興趣的對象是可愛的男生、酷的男生、運動員、大帥哥，這些我全都不是。我是那種個頭小、戴著眼鏡、愛開玩笑的小孩。在派對上，我可以逗可愛的女生發笑，但是玩「天堂七分鐘」的時候，可愛的女生總是跟可愛的男生躲進衣櫃。我從來沒有一分鐘在天堂裡，連**十億分之一秒**都沒有。

受外表制約的原始基因

於是我開始痛恨自己的外表。進入青春期之前，我基本上對自己的外觀毫不在意，但是國中那幾年，我大多數時間都在浴室裡透過厚重的眼鏡（來自梅西百貨眼鏡專櫃）瞪著鏡中的自己，好希望回望我的是另一張臉。我渴望自己高一點、帥一點、壯一點，像那些可愛女生感興趣的男生一樣。

你可能會想：**真是太可憐了，大衛，但是你有沒有在自怨自艾之餘，想想學校裡也有友善、聰明、風趣，但是跟你一樣沒遺傳到漂亮外貌基因的女生呢？你有沒有半秒鐘想過她們呢？**

當然沒有！我當時是個只關心自己的青春期傻蛋。在此我向學校裡我從來不想一起進衣櫥的女生致歉，不過這並不表示你當時會想跟我一起進衣櫥。

後來我長大成人，雖然不一定變得更有智慧，但至少不再那麼笨。可是我的內心深處依舊對自己的外表感到不安；看到漂亮的人，我還是會到自卑。理論上，我知道所謂「漂亮」的定義毫無根據且毫不公平，我知道上百萬人迷戀崇拜像是金．卡戴珊這樣的人根本就荒唐無比，因為金．卡戴珊雖然擁有完美的腰臀比，但智商就跟花園裡的裝飾品一樣高。我知道我們應該重視的特質不是生理上的，而是智慧、幽默、誠實、深度、幽默、勇氣、大方、幽默，還有幽默。

理論上我都清楚，然而，每次看到漂亮的女性——所謂「漂亮」是「絕對沒有我老婆漂亮」——我腦中原始的弗來德就會驚嘆：「哇！」

我不否認，我會更有意願去跟這樣的女性交談，更甚於不會在我腦中引發驚嘆的女性。我並不引以為傲，甚至感到羞愧，但我無法否認。

而且我並非例外，我覺得大多數人都無法忽視生理外貌。而且人類體內的基因趨向，還不斷被極度重視外表的社會文化所強化。我們每天都在各種媒體上被俊男美女的完美影像無情轟炸，看看任何一部電影或電視節目就知道，主角都是性感漂亮的人。

野獸終究還是變回了王子

還有一個我覺得特別惱人的例子，就是《美女與野獸》。理論上，這個故事傳達出正確的訊息：外表不重要，**性格**才重要。理所當然非常漂亮的女主角貝兒克服了對野獸醜陋外貌的反感，學會了愛上他的內在。到此為止都很好，但是最後野獸卻**變回英俊瀟灑的王子**，一個快樂的結局！而且男主角還具有完美的雙型陽剛面孔！

換句話說，這個故事傳達出的訊息完全是狗屁。如果要貫徹內在比外貌重要的訊息，那野獸最後應該繼續當個野獸，跟貝兒生下外貌異常的混血子女才對。等進入青春期之後，這些子女會從派對哭哭啼啼地回到城堡，因為沒有人要跟他們玩「天堂七分鐘」。

我對童話故事《醜小鴨》也同樣不滿。醜小鴨因為樣子醜陋所以生活很悲慘，但是最後快樂的結局裡，牠變成了一隻漂亮的天鵝。牠是得救了，但其他變成醜鴨子的醜小鴨怎麼辦？

真的鴨子當然跟童話故事裡的鴨子不同，一點都不會在意自己的外貌。動物對於外貌似乎不像人類這麼挑剔，牠們只會想：「嘿，我們是同樣的物種，這樣就夠了。」

這又讓我想到露西和牠的仰慕者布魯特斯，或者是露西和幾乎任何一隻狗——或者任何一個人。露西不會從外表評斷你，在這一方面，牠做得比我還好。這就是露西教我的第五條狗哲理：

露西的狗哲理 5

試著不要以貌取人，也不要太在意自己的外表。

我說「試著」，是因為這一點不容易做到，畢竟這違反人的生理天性。而且，有時候以貌取人還是可以的，比如說，你遇到一個額頭上紋著納粹黨徽的人，就不需要去探究他善良體貼的一面了。

但是大多數時候，外表並非一個人的全部。我這輩子已領悟到，世界上有很多長得漂亮的人其實膚淺而無趣；很多不怎麼漂亮的人卻有深度又有趣。這表示他們才是真正漂亮的人。要找到這些人，訣竅就是**不要光用眼睛看**。

前面說過，幾十年來我已經有些進步，不會再花那麼多時間懊惱自己的長相。變老的好處之一就是，當你跟你的朋友漸漸變老，自然會放棄追求性感漂亮，還活著就很高興了。

不過這依然是一個挑戰，弗來德和枚寶仍潛藏在人的基因裡，要努力才能克服。

我還在努力；努力用不同的眼光去看每個人，其中也包含了布魯特斯。露西一點都沒錯，牠是隻漂亮的狗，牠們**全都是**漂亮的狗。

露西的狗哲理 6

不要把你的快樂建立在物質上，你永遠都會嫌不夠

但是颱風來的時候例外。

老闆，店裡的東西我全要了！

我寫這本書的時候，佛羅里達正好受到艾瑪颶風襲擊。我跟家人都安然度過這場災難，所以我無意尋求憐憫，也不希望你覺得我喜歡裝腔作勢，或是發牢騷（其實我**確實**喜歡裝腔作勢和發牢騷，我只是不希望你這麼想）。

我知道某些地區在颶風季節受到的災害更是難以想像地慘，尤其是波多黎各；也知道世界上還有各式各樣的天然災害，舉凡地震、龍捲風、洪水，以及紐澤西付費高速公路，帶來的災難就跟颶風一樣慘，甚至更慘。

但是颶風的折磨獨樹一格，其中大部分是心理折磨，而且極度惱人。焦慮的感覺不會完全消失，因為你知道這一個颶風季節過後，下一個又會來臨，只要你在佛羅里達住得夠久，就**一定**會碰上颶風。

「那你為什麼要住在這裡？」不住在佛羅里達的人會問。

首先，我們不常碰到颶風，可能好幾年才碰到一次。而在沒有颶風的日子裡，數不清的冬日早晨，我們邊吃早餐邊打開電視，總會在新聞上看到「暴風雪襲擊東北部」的報導，還看到車子在冰凍的馬路上打滑、穿著大衣的人辛苦地跋涉在及腰的雪堆中，後面還有狼在追，而且就在**時代廣場**上。

我們住在佛羅里達的人看到這樣的畫面，再轉頭看看窗外，只見陽光普照，萬里無雲，棕櫚樹在和煦的熱帶微風中搖曳，於是忍不住露出微笑，滿意地啜飲一口瑪格麗特。沒錯，我們邊吃早餐還邊喝瑪格麗特，因為我們太高興自己不住在北部，非得好好慶祝不可。我們還納悶北部人為什麼要住在北部，畢竟北部的冬天毫無例外總是很慘，而且每年都有冬天，一次就持續好幾個月，周而復始。我們寧可偶爾遇上颶風，也不要年年有個悲慘的冬天。

但是真的有颶風來襲的時候例外。這時我們會開始緊張，然後恐慌，然後發瘋。

氣象員眉頭一皺，這個颶風不單純

這都要怪電視新聞。噢，他們其實是好意，想提供足夠的資訊，保護我們的人身安全。他們是想要服務大眾，但最後卻總是把大眾逼瘋。

一切都始於電視上那容光煥發的氣象預報員。在南佛羅里達，通常會是一位漂亮的年輕女性，穿著一件極度緊身的小禮服和二十公斤左右的眼線。大多數時候，容光煥發的氣象預報員的工作，就是透過最少五分鐘、鋪張華麗的視覺效果，還有各種科技，如雷達和衛星影像、令人眼花撩亂的圖表、一個綠色螢幕和許多許多的統計數字，告訴我們明天天氣溫暖潮溼，有下雷陣雨的機率。這真是廢話，因為幾百萬年來，佛羅里達基本上每天都是溫暖潮溼，有下雷陣雨的機率。如果電視臺想削減成本，他們大可錄下一次容光煥發氣象預報員的預報，然後反覆重播，偶爾用電腦特效改變她身上那套小禮服的顏色。

所以佛羅里達人大多數時候注意力都不放在預報內容上，而是放在預報員身上，可一旦颶風來襲，我們的態度就會一百八十度大轉變。

通常開始於颶風距離佛州還有十天左右，我們注意到容光煥發的氣象預報員突然皺起眉頭，給觀眾看一張加勒比海地區的地圖，上面還有一個微小的符號代表颶風，以及一個圓錐體顯示可能前進的路徑。圓錐體大略指向佛州的方向。

現在容光煥發的氣象預報員引起我們的注意了。她給我們看電腦模擬的結果，用不同的線條表示不同的電腦預測的颶風路徑（有些電腦顯然吸了古柯鹼）。只見地圖上滿是線條，有些指向墨西哥，有些指向美國本土，有些指向百慕達，還有一、兩條線直接指向冰島。基本上，這些電腦認為颶風可能去任何地方，包括佛羅里達。

「我們會密切觀察。」容光煥發的氣象預報員說道。

於是我們開始緊張，但還不到恐慌的程度。我們假設——其實是熱切希望——颶風會去別的地方。這就是颶風的醜陋真相之一：你全心全意希望颶風去襲擊別人。你當然不會**承認**這一點，但是如果颶風慢慢接近，而且看起來要不是襲擊邁阿密，就是轉北襲擊棕櫚灘，我保證這兩個城市的人都會祈禱颶風去襲擊對方。

接下來幾天，隨著颶風慢慢接近，容光煥發的氣象預報員眉頭也越皺越深，大家就越來越緊張。連電視新聞主播也加入陣容，提供防災的資訊，提醒民眾做好萬全準備，像是：

- 確保家中有足夠的食物、水和電池，可以維持至少一個星期。
- 把車加滿油，家中準備好一些現金。
- 移除院子裡沒有固定住的物體，並準備好保護窗戶的遮板。
- 你**鐵定會死**。

最後一點他們當然沒有大聲說出來，但你可以從他們深鎖的眉頭中看出端倪。

颶風天當然少不了漂白劑和三夾板

現在颶風地圖時時刻刻都出現在電視螢幕上，圓錐體越來越接近，預測颶風路徑的電腦，甚至是那些吸了古柯鹼的電腦，都開始同意佛羅里達可能會是目標。以上就是佛羅里達人從緊張進入恐慌的過程。然後我們會衝去附近的超市，而超市裡早已擠滿了其他恐慌的佛羅里達居民。我們會盡量把東西塞進購物車，能裝多少就買多少；之後再塞滿第二輛購物車。最後，我們買回家的瓶裝水足夠填滿一座奧林匹克游泳池；還買走所有沒被買走的電池，連九伏特的電池也買回家，儘管家裡根本沒有電器使用九伏特電池，因為電視上的人不斷強調：**我們需要儲備足夠的電池**。

而且所有的人都在買漂白劑，也不知道為什麼。我猜想是許多年前某個漂白劑廠商的聰明行銷人員異想天開，散布「颶風來時家裡一定要有漂白劑」的謠言，所以這已成為恐慌的佛羅里達居民的傳統，就是要買一大瓶漂白劑拖回家，儘管（一）家裡已經有至少一瓶漂白劑，（二）完全不曉得漂白劑在颶風期間有什麼作用。最後把新買來的漂白劑擱到架子上，就在以前買來的眾多瓶漂白劑和九伏特電池旁邊，終於做好萬全的準備了！

我們家主要是買吃的，罐頭鮪魚、罐頭豬肉、罐頭湯、三明治的食材，還有各種零食，像是糖果、洋芋片、穀物能量棒和花生醬餅乾，數量多到足以供應大型遊輪出海六個月。我們還會買大腦正常運作時絕對不會買的食物，比如說，艾瑪颶風逼近時，蜜雪兒買了小扁豆。我們從來不吃小扁豆，蜜雪兒從來不煮小扁豆，我甚至不確定小扁豆到底是什麼。小扁豆看起來就像一袋小石子。我問蜜雪兒為什麼買小扁豆，她說因為小扁豆不會壞。我差點就跟她說，不會壞的東西有很多，比如亞麻地板。但我沒說出口，因為蜜雪兒不會覺得好笑，她已經瘋了；我們全都瘋了。

其實颶風還有三天才會登陸，但此刻大家能想到的只有颶風要來了。佛州毫無疑問落在圓錐體內。圓錐體時時刻刻都在電視上，連廣告時段也不例外。電視新聞主播的眉頭皺到連額頭上的妝都花了。

我們花了一整天裝上窗戶遮板，還把院子裡沒有固定住的東西搬進屋裡，因為皺眉頭的電視新聞主播說了無數次，颶風來襲時，沒有固定住的物體會成為致命的導彈。於是我們把**所有的東西**都搬進屋裡，包括又臭又髒、爬滿昆蟲、多年來在悶熱的亞熱帶氣候中腐敗潰爛的盆栽。盆栽很噁心，但是我們很樂意搬進到屋裡，否則它們恐怕會變成厄運盆栽，在空中亂飛，最後撞上某個鄰居的牆壁，揮灑出一片致命的陶瓷碎片和憤怒的馬陸。

你一定覺得太瘋狂了，是吧？沒錯！是很瘋狂！我就是這個意思。**我們全**

都澈澈底底地瘋了。

颶風距離佛州還有兩天的路程，電視新聞上出現了絕望的民眾去「家得寶」排隊買三夾板的畫面。於是我們想：該不該去家得寶排隊買三夾板？但是我們已經有保護窗戶的遮板了，買三夾板也不知道能做什麼，就跟我們不知道漂白劑買來有什麼用一樣。可憂慮依舊折磨著我們：颶風要來了，我們卻沒有三夾板，**我們沒有三夾板！**

艾瑪來了！電力沒了！體重增加了！

颶風距離佛州只有一天之遙了，我們已經做完所有的準備工作，所以現在無事可做，也無處可去，學校、公司、商店和餐廳全都關門了。我們既緊張又無聊，無所事事反而更覺得無助，我們想採取**行動**。

於是我們採取行動，說得具體一點，我們開始吃東西。根據統計資料顯示，一般的佛羅里家庭通常會在颶風還沒抵達前，就吃掉百分之九十三的一週存糧。我覺得這可能是一種原始的生存本能：身體想要變得更重，這樣颶風就沒辦法把我們颳走，變成致命導彈。無論是什麼原因，颶風來襲前的那一天，我們就是會整天都在吃儲備糧食，通常從最美味的東西開始，然後依照以下的順序一路吃到底：

一、糖果
二、餅乾
三、洋芋片
四、三明治
五、罐頭鮪魚
六、罐頭湯
七、罐頭豬肉
八、盆栽
九、人肉

十、小扁豆

颶風離佛州只有幾個小時遠了，電視新聞主播的額頭上接著點滴，從棚內兩百公升的大桶子裡持續輸送肉毒桿菌。每隔幾分鐘他們就會連線到一個興奮的 SNG 記者，身上穿著印有電視臺標誌的雨衣，站在海邊。每個興奮的記者都會報告下面兩件事：

一、風越來越強了！

二、請大家遠離我現在站著的這個海邊！

這兩個結論就算以電視新聞的標準來看也愚蠢無比，但這是颶風來襲前幾個小時的傳統新聞戲碼。而我們佛羅里達人會盯著電視螢幕，像牛一樣嚼著為颶風儲備的食物，彷彿能從中得到安慰。

夜晚來臨了，屋外風雨越來越大，但颶風中心還未登陸。為了打發時間，我們決定來看DVD，是一九五八年的《南太平洋》（*South Pacific*），故事講述一群勇敢的美國海軍於二戰期間在南太平洋上的一個小島，藉著精心製作的音樂曲目，擊退入侵的日本軍隊。

日軍偵查兵甲（用雙筒望遠鏡觀察美軍基地）：這下可不妙了。

日軍偵查兵乙：怎麼了？

日軍偵查兵甲：你自己看看！

日軍偵查兵乙（用雙筒望遠鏡觀望）：是個美國水手……穿著草裙……還有椰子殼做的胸罩？

日軍偵查兵甲：他們一定有什麼計謀！我們必須跟總部報告！

日軍偵查兵乙：等一下，為什麼我們說英文？

《南太平洋》是一部出色的歌舞劇，讓我們暫時忘卻艾瑪颶風，跟著電影中的歌曲哼唱，比之前更放鬆地嚼著我們的颶風儲備糧食。

然後影片結束了。

然後艾瑪登陸了。

報喪女妖與青蛙的合奏

艾瑪整夜不停地吹襲，像個報喪女妖一樣吹了整整十二個小時。身為專業作家，依據工會的規定，我應該把颶風的聲音描述成：像貨運火車一般。的確是有點像貨運火車，但艾瑪聽起來更像一個龐大笨拙的鬼，在夜間呻吟、哭號、敲打、撞擊。奇怪的是，在颶風的嚎叫之外，我們還聽到一群非常大聲的……青蛙。通常我們不會聽到青蛙的叫聲，可是在颶風肆虐之下，在狂風驟雨無情拍打窗戶之餘，我們聽到一群青蛙扯開嗓門大唱，像是在說：「我們的機會來了，寶貝！讓我們大開兩棲動物派對吧！我們要在你的院子裡便便！用我們噁心的青蛙舌頭舔光烤肉架上的牛排汁，而你們卻無可奈何！」

那一晚好漫長。我們的電力時斷時續，直到清晨五點鐘左右，電力澈底斷了。幸好家裡有一臺大型瓦斯發電機可以為整棟屋子供電。發電機啟動了，我們的燈和空調又恢復了，但是電話、網路和有線電視都斷了，手機也幾乎沒訊號。可悲的是，我們浴室裡的電子秤沒壞。

但我們都安好，體重變重了一點，其他一切安好。

佛羅里達電力之神，請「被提」我吧

白天終於來了，幾小時後風力也開始減弱。我們走到屋外檢視損壞狀況，許多樹木被吹倒、電纜被吹斷，還有十幾億枚左右的樹葉和樹枝散落在草坪和人行道上，橫七豎八地堵塞了街道。但是我們的屋子還算完好，附近的住屋大多也是。其他地區，像是佛羅里達礁島群，災情就慘重多了。看見鄰居也從屋裡出來，我們異口同聲地說：「我們算幸運了。」

而我們**真的**很幸運，毫無疑問。但是我們還沒完全脫離颶風帶來的苦難，只是進入下一個新階段，而從精神折磨的角度來看，可能是最慘的階段：等待。我們等著道路清理，等著恢復上班上課，等著生活稍微回歸正軌。

而我們最焦急等待的是電力。如果你曾經歷過好幾個小時沒有電力、或網路、或電話、或電視，你就知道你有多快會一心一意只想著：**什麼時候會恢復？**

這麼說也許有些失敬，但我想把恢復電力比喻為「被提」。被提在基督教中，就是指在未來某個未知的時間，上帝會把虔誠的信徒從地上抓起，帶去天堂。電力恢復就像這樣，只不過不是上帝決定誰會被提，而是佛羅里達電力公司。

但整個過程一樣神祕。突然間，你對街那幾棟屋子恢復了電力，甚至是你**隔壁**的屋子恢復了電力，而你的屋子還是黑的——這一點殘酷到令人幾乎無法忍受。有時候你的鄰居已經恢復電力**好幾天**了，而你還是沒電；有時候你的電力恢復了一、兩個小時，你正慢慢放鬆下來，**電卻又斷了**。幾天過去後，你開始感到絕望，不禁納悶電力之神是不是忘記了你，或者是你做了什麼冒犯到祂（也許我該去買三夾板的）。如果宰隻羊來獻祭能讓電力恢復，而你手邊又有羊的話，你恐怕真的會宰了那隻羊。

還好，我們有一臺大型發電機。二〇〇五年的卡崔娜和威爾瑪颶風讓我們斷電十五天之後，我們便安裝了這臺發電機。這臺發電機花了很多錢，而且要定期維護，然而現在，歷經十二年的待機狀態，我們終於需要它了，而它也終於——壽終正寢了。

沒錯，它偏偏在艾瑪颶風後故障，澈底故障。一位發電機專家檢查過後，一臉嚴肅地告訴我們——就像是要告訴病人他罹患了絕症般——發電機完全沒救了。基本上，我們的發電機已經變成一公噸重的紙鎮，發電能力就跟牛皮總裁椅一樣，顯然多年的待機生涯使它完全損壞了。

所以現在我們沒電、沒網路、沒電話、沒電視、沒手機，從某個角度來看，也可以說這是件好事，因為如此一來，我們就可以活得更簡單，如同人類的祖先一樣，而他們很多沒有活過二十七歲。少了現代生活沒完沒了的電子娛樂，我們一家人終於可以放慢步調、靜下思緒，真心地相處與**交談**，而我們交談的主要話題有：

- 電什麼時候會來。
- 沒電多不方便。
- 生存的意義。

最後一點當然是開玩笑的，我們已經知道自己生存的意義：**上網**。我們變得如此依賴科技，沒有了科技就覺得無助**空虛**，這一點真的很恐怖。

隨著沒電的**後**颶風期一天一天過去，我們變得越來越焦慮緊張、煩躁不安，覺也睡不好，愁眉苦臉，一事無成。然後，第四天稍晚，我們終於「被提」了；電回來了，一小時後，電話、電視和——**謝天謝地！**——網路也恢復了。幾分鐘內，我們又回到高效多產的現代生活，也就是每九十秒查看一次推特。

這就是艾瑪颶風對我和我家人造成的影響，它澈底擾亂我們的生活，使我們發瘋，去買小扁豆。

在佛教僧侶和比爾蓋茲之間取得平衡點

現在，讓我來告訴你颶風對露西造成的影響。

一點影響都沒有！

嗯，可能有一點啦。颶風過後，我第一次帶牠走出屋外，當時還颳著大風，地上滿是殘枝落葉，牠比平常多花了幾分鐘才找到一個合適的地方撒尿。

但也僅此而已。颶風來襲前牠沒有發瘋，因為牠不知道有颶風要來；颶風期間牠幾乎都在睡覺；颶風過後牠也心滿意足。牠有吃的，又跟心愛的人在一起，只要有這些牠就很快樂了。

當然啦，這是因為露西，說穿了，是一隻狗。牠是比人更簡單的動物，因此牠的需求也比人更簡單。如果我是露西，我無法快樂，因為我不想如狗一般生活，我想要享受現代文明帶來的好處與舒適：屋子、水電、抗生素、品客洋芋片。

然而我的欲望遠遠超過基本需求，我太依賴這個繁複、脆弱、不斷擴大的科技產業。單有網路還不夠，我還希望上網速度超快，且隨時隨地都能上網；單有電腦還不夠，我還要有超大 RAM 和 GB，儘管我根本不知道那是啥東西；單有電視還不夠，我還要有超大螢幕、上千個高畫質頻道和各種功能；單有手機還不夠，我還要有二九七兆像素，管他「像素」是啥東西。而且無論我今天擁有什麼，明天又會想要更多、更好、更快，因為總有更酷的產品在特價，每個產品上市時都是科技奇蹟，但在我眼中很快就會變成基本需要。

換句話說，為了快樂，我時時都需要更多的東西。

露西需要食物和家人，就只有這些；牠一輩子需要的就只有這些。

這就是露西在艾瑪颶風期間教我的一條狗哲理：

露西的狗哲理 6

不要把你的快樂建立在物質上；
物質不會帶給你真正的快樂，
而且你永遠都會嫌不夠。

這不是什麼原創的見解，幾千年來，不少智者都說過這樣的話。我也不是說你無法從物質上獲得**任何**快樂，你當然可以從物質上獲得快樂。有好東西當然好，住好屋、開好車、穿好衣、去好餐廳吃飯；有錢當然比沒錢好，不要這些好東西就太傻了。

但是物質帶來的快樂是有限的。我們不妨在佛教僧侶與比爾蓋茲的生活方式之間取得一個平衡點，既有足夠的物質感到舒適，又不會多到成為負擔，耗盡你的心思，使你無法專注在家人、朋友和自己身上。這個平衡點在哪裡，當然取決於你，但可能更接近佛教僧侶。

我得了器材購買症候群

我從露西身上學到的所有狗哲理中，這一條可能是最顯而易見的。然而，我還是難以實踐。我擁有的東西比實際需要的多太多了，而且還不斷買新的。我有好幾臺電腦、七把吉他**和**一把烏克麗麗——但沒有一樣彈得好。幾年前我開始學攝影，因為我想為女兒的足球隊拍照，這個出發點不錯，可是不知怎地，我陸續買來好幾臺相機和數量多到可笑的鏡頭。在業餘攝影師的圈子裡，我患有「器材購買症候群」。也就是說，我會用我其中一臺電腦上網，瀏覽某個攝影網站，然後看到一篇對十五釐米鏡頭的評論（這裡就不深入解釋，總之，鏡頭的釐米數指的是鏡頭裡某個東西有幾釐米長，雖然我完全不知道是什麼東西）。這篇評論立刻引起我的注意，因為我沒有十五釐米鏡頭，我只有十七和二十釐米鏡頭，我覺得我還需要買個十五釐米鏡頭。

你可能會問：「你有多常用十七釐米和二十釐米的鏡頭？」

答案是：不怎麼常用。其實是幾乎根本不用，因為兩個鏡頭都不適合照足球隊。

「既然如此，」你會問，「那為什麼要買個十五釐米鏡頭呢？」

因為我沒有十五釐米鏡頭，你這個笨蛋！

對不起，我不是故意要罵你，但是器材購買症候群就是會把人變成這樣。

我的重點是，幾十年來，我買了一大堆根本不需要的東西，而且不知道該怎麼清理掉。不對，這樣說不太對，應該說，我根本不知道自己想不想清理掉。我是它們的人質，是所有科技產品的人質；我對這些東西上了癮。我在艾瑪颶風期間終於發現這一點。

我知道我不需要這些東西。即使擁有的東西少很多，我也一樣可以很快樂。我很清楚，因為我年輕、沒那麼有錢時，擁有的物質雖少，卻非常快樂。

那些物質貧乏的美好時光

就以電器產品為例。如今我有一大堆各式各樣的電器產品，但小時候家裡就跟大多數一九五〇年代的家庭一樣，只有一臺電話。一臺黑色、沉重、金屬製的轉盤式電話，電話線接在客廳牆壁上，由我們一家六口共用。我們的電話號碼是三一一九，沒錯，四個數字，我到現在還記憶猶新，儘管我想不起來十分鐘前把老花眼鏡放到哪裡。如果有人打長途電話過來，那可是大事一樁。一旦你接起電話，得知是長途電話，就得跑遍全屋子，找你的父母，同時大喊：

「**長途電話！**」激動的語氣如同在大喊廚房失火了一樣。

除了電話，一九五〇年代初期的貝瑞家，擁有的高科技產品還包括一臺收音機和一臺電唱機。第一臺電視則是在一九五五年左右買的；那是一個大木箱，裡面有一個小螢幕。電視比長途電話更令人興奮，因為在螢幕上，我們這輩子第一次看到神奇的……靜電干擾。即使收訊不怎麼好，我們依舊很興奮，因為這靜電可是**一路從紐約市傳過來的**。有時候，在螢幕上一團模糊不清的灰影中，可以隱約辨認出……影星羅伊．羅傑斯（Roy Rogers），不過也可能是愛德華．摩洛（Edward R. Murrow），或者羅伊．羅傑斯的馬。我們沒辦法確定，但是無所謂，因為我們有電視！而且有三個頻道，播放三種不同的靜電干擾！還不用站起來就可以轉臺，因為有遙控器！

「菲爾！」我們會對遙控器——也就是我弟弟菲爾——大喊，「轉臺！」

我的重點是，當時沒有那麼多電器產品，但我還是有一個快樂的童年。我跟朋友總是能想到各種方式打發時間：打球、騎車、在阿蒙克附近的樹林裡露營，互相講笑話、比賽放屁、用櫻桃炸彈炸毀各種東西[20]。我們擁有的東西不多，卻樂趣無窮。

大學時期，我幾乎沒什麼財產。之後的十年間，我只要找幾個朋友、用幾個箱子和一輛卡車，就可以在一個下午，把我所有的財產都搬走。我沒什麼錢，但從來沒有因此而不快樂。我不記得自己缺過什麼重要的東西，只記得許多美好的時光，而且這些美好時光往往跟人有關，而非跟物質有關。

不再當物質的奴隸

後來生活稍微富裕了一點，我漸漸成為物質的奴隸。我**買得起**，所以就**買**。我成為這些東西的人質，而且我不確定自己是否真的想改變現況。

貝瑞的鏡外音

⑳如果一九五〇年代末期或一九六〇年代初期，你在紐約州阿蒙克曾擁有一座華麗的路燈的話，我在此致上萬分的歉意。

但我決意嘗試。

首先，我減少花在網路上的時間。我不需要每九十秒就查看一次推特，每兩分鐘看一次就夠了。

說實話，我浪費太多時間在網路上了，而且往往都是邊看邊想：**真是白痴**。我七十歲了，沒有多少時間了，**那我為什麼要把時間浪費在白痴身上？**

我決定去看更多書。在有網路之前，我隨時都在看書，但是近幾年，如果我想找點什麼來看，幾乎都是上網。我要回到書本。書本通常沒那麼愚笨，而且在颶風期間也能讀。

最重要的是，我要試著減少擁有的東西。第一步就是不再亂買東西，比如說，不要去買那個我大概永遠都不會用到的十五釐米鏡頭，**儘管這個鏡頭評價很高**。

我還要試著清掉一些東西，尤其是那些多餘的電子產品。我會留下我真正需要的，然後把其他的捐獻給用得到的人或機構。我決定來個斷捨離，而且我很清楚要從哪裡下手——就從小扁豆開始吧。

露西的狗哲理 7

不要用謊言掩蓋過錯，勇於道歉，更容易取得原諒

如果你覺得日式土下座還不夠，

露西可以教你「龜式」狗瑜伽。

露西剛來到家裡不久，我們買了一棵聖誕樹。我們每年都會買一棵聖誕樹，雖然我太太和女兒都是猶太人，但她們實在很喜歡聖誕節，所以很高興有我這個人當藉口買聖誕樹。

我們把聖誕樹擺在客廳，然後我依循古老的傳統，花好幾個歡慶佳節的小時解開從藥妝店買回來的聖誕燈串。這些燈串閒置了一年，已經糾結成一團籃球般大小的邪惡球體。等我終於把燈串解開，蜜雪兒和蘇菲悉心地在聖誕樹上掛上亮晶晶的金蔥條、紅色的蝴蝶結和兩百三十萬個蜜雪兒多年來收集的裝飾品，然後我們就出去吃飯。

等我們回到家時，露西跟往常一樣在門口迎接我們，但是神態異常激動，牠嗚嗚低吟、瘋狂地撲到我們身上，最後平趴在地，做出瑜珈中的「龜式」。

如果你了解狗，就知道露西想告訴我們：牠做了壞事。我們立刻衝進客廳，只見客廳裡像是有一顆裝飾品炸彈爆炸了一般，聖誕樹倒在地上，破碎的裝飾品灑了一地。直到今天，我們依舊不知道是誰起的頭，也許是聖誕樹突然暴起攻擊，露西別無選擇只能捍衛自己。我們只知道露西覺得非常非常內疚，迫切需要跟我們認罪。

狗狗就是如此，牠們不僅知道自己做了壞事，而且還會認錯。如果你有兩隻狗，一隻狗做了壞事，那麼兩隻**都會**一臉愧疚，因為牠們心裡都不好受，而且可能還會忘記是誰做了壞事。牠們不是天體物理學家。如果世界上有一個由狗組成的司法體系，大概會如此運作：

狗法官：被告如何抗辯？

狗被告：我有罪，法官。

狗被告律師：我也有罪。

狗法官：罪名是什麼？

狗被告律師：我不知道。

狗檢察官和狗陪審團：我們也都有罪，法官。

狗法官：我也是！

這種懺悔的能力也是狗比貓好的眾多原因之一，貓的道德良心大概就跟食人魔漢尼拔差不多。如果你回到家，看到你家的貓蹲在鸚鵡籠子裡，嘴裡叼著死掉的鸚鵡，你的貓大概也會是一副「這隻鸚鵡顯然是自殺」的表情。但如果你養的是狗，牠則會在鳥籠下侷促不安地踱步，一副「是我做的！我把鳥吃了！」的模樣。

我的重點是，狗非常誠實，牠們不會欺瞞，也不會假裝；牠們根本無法說謊。如果牠們不喜歡某個人或某件事，絕對不會假裝自己喜歡。你永遠都知道狗的感覺。

我本來想把這一點列為露西教我的第一條狗哲理，很簡單，就是：**不要說謊**。但是我覺得這樣又太簡單了，畢竟人的世界複雜多了，有時候說謊是必要的。下面我就舉一個真實的例子，其中牽涉到扇貝。

美妙動感與海裡的痰

某一年冬季假期，我們一家人跟我太太的表弟一家人，一起在英屬維京群島租了一艘帆船度假，感覺非常愜意。對於家裡有小孩、而且極欲把小孩的大學學費揮霍掉的人，我高度推薦這樣的度假方式。

太值得了。每天早上都在船上醒來，而帆船就停泊在一個充滿棕櫚樹和白色沙灘的美麗維京小島旁。你欣賞日出、吃個早餐，也許在溫暖清澈的海水裡泡一下，然後起錨、揚帆、出發。精神百倍地駕駛帆船五、六個小時之後，你又在下一個維京小島下錨停泊；你也可能還在原來的小島旁，前進了不過十公尺，因為帆船並不是一種快速的交通工具，而且行進方式多為「之字形」[21]。一四九二年，展開前往新大陸的歷史性航程兩個月後，哥倫布瞇起眼睛，還可

貝瑞的鏡外音

[21] 專業術語為「酷刑」。

以看到妻子在西班牙的碼頭向他揮手。如果你真的想坐帆船抵達某處，最好採用專業的駕船技術，也就是馬達。

但是在維京群島就無所謂了，因為來這裡不是為了要去到某處，而是為了放鬆、為了享受天然美景和一種稱為「止痛劑」的蘭姆酒，這種酒既可當清涼飲料，也可當工業溶劑。

我們租的船是雙體船，船名為「美妙動感」。不過別擔心，船不是我們自己開，世界上沒有一家租船公司會笨到把名貴的帆船交給我們這樣的人。我們有兩個專業的船員，船長是蓋亞那人，名叫唐奉福（Don Fung Fook）。這是真名喔，他除了是個出色的水手，還是個充滿幽默感的酷哥。這算我們幸運，因為如果你以為可以在一艘名叫「美妙動感」的船上喝止痛劑、然後不會因為「唐奉福」這個名字笑到每小時至少噴鼻涕八次，那你對海上的生活真的一無所知。

我們的廚師兼社交總監則是來自德國的派特．海斯，她幾乎成年後就一直在航海世界生活、工作和開趴。跟她一起坐船真的很棒，彷彿整個加勒比海地區的人她都認識，而且是專業的社交總監。跨年夜，她帶我們跟唐奉福船長去維京果島上的「竹林」餐廳（Chez Bamboo）參加派對，熱愛跳舞的她還要我們全都在舞池裡像瘋子一般跳舞。舞池邊有個大螢幕，擺在DJ旁邊，用來製造炫目的視效背景，上面一直閃現 Chez Bamboo 這幾個字，每一次我看到就差點摔倒。那是我這輩子經歷過最好玩的跨年夜，而且我一大半都不記得。

總之，除了擁有各種專才外，派特還是個出色的專業廚師。在帆船擁擠狹小的「廚房」[22]裡做菜並不簡單。我們以前在維京群島坐帆船時，總嘗試自己做飯，但是才第二天，我們就開始節食，餐點內容幾乎只有 Oreo 餅乾。但派特卻能夠一天接一天，為早餐、午餐和晚餐創造出各種不同精緻美味的菜肴。我們每一餐都狼吞虎嚥、大快朵頤，對派特讚不絕口。她總是問我們下一餐想吃什麼，而我們總會說：「派特！妳是廚神！妳煮什麼，我們都愛吃！」

貝瑞的鏡外音

㉒ 專業術語為「排水孔」。

於是扇貝的故事就此展開。

我不愛吃扇貝。扇貝就跟蛤蜊、生蠔和淡菜屬於同一類生物，專業術語為「海裡的痰」。我的感覺是，大自然把這些噁心黏稠的東西包在殼裡、放到海底，就是為了防止人類去吃。反觀像是豬隻，大自然把牠們安置在像愛荷華這樣容易到達的地區，就是為了方便人類把豬隻轉換成可口的豬肉產品，例如「香脆豬皮」（pork rinds）。

你可能會覺得我太誇張了，嗯，也許這是因為你沒讀過二〇一三年三月二十八日《大西洋》（*The Atlantic*）雜誌裡，艾力克斯．馬卓格（Alexis C. Madrigal）所撰述的文章：〈你知道扇貝有「眼睛」嗎？我也不知道，請看下去〉（*Did You Know Scallops Have *Eyes*? Me Neither, but Look.*）。

沒錯！扇貝有眼睛！而且有**很多**眼睛。根據這篇文章，生物學家森克．強森（Sonke Johnsen）研究了扇貝的眼睛，發現扇貝的眼睛意外地繁複。文章裡還引用了森克的書《生命的光學：生物學家闡述自然中的光線》（*The Optics of Life: A Biologist's Guide to Light in Nature*），說明扇貝眼球的結構：

為什麼扇貝的眼睛需要兩個視網膜？為什麼牠的眼睛後面長了凹面鏡？為什麼一個看起來像美化過的蛤蜊的生物需要五十到一百個銳利的眼睛？我的學生丹・史拜爾（Dan Speiser）試圖找出這些問題的答案。他進行的實驗中，我最喜歡的一個是給扇貝看食物的「電影」（微生物在電腦螢幕上移動）。被固定在座位上的扇貝如果看到螢幕上的微生物夠大、而且沒有移動得太快，就會把殼張開，彷彿要吃東西……

所以，總結一下我們學到的內容：

一、扇貝不只是一團噁心的黏液，還是一團**可以看到東西**的噁心黏液。

二、他們可以坐在座位上**看電影**。

三、這也許可以解釋為什麼《變形金剛》這麼紅。

好啦，最後一點是我亂講的。但是前兩點是科學事實，而且我相信這兩點證明了我的理論，也就是人類根本不應該把這個東西放進嘴裡。我一直都這麼認為，只是沒有說出口。我知道世界上有人真的愛吃扇貝，就跟世界上有人喜歡為了娛樂而灌腸一樣，或是喜歡共產主義，或是喜歡〈科巴卡巴那〉（*Copacabana*）這首歌。我為這些人感到悲哀，但是我無意去糾正他們。

所以啦，在「美妙動感」的一週快要結束時，一晚，派特宣布說晚餐要為我們煮扇貝，我什麼都沒說，派特很興奮，說她想辦法弄來了一些特別好的扇貝。

教父的謊言啟示與藍波的大無畏精神

所謂「特別好的扇貝」，對我來說就如同「特別好玩的前列腺檢查」，但是就像我之前說的，我什麼都沒說。我們在「美妙動感」後甲板的餐桌邊坐下，準備吃晚餐，我打算仰賴家人和老婆表弟的家人擔負起吃扇貝的重任，最後我會跟大家一起不停稱讚派特煮的扇貝有多好吃。

還記得《教父２》裡麥可．柯里昂——跟一群幫派分子在哈瓦那觀看「超人」的表演，「超人」因他特大的「男性天賦」[23]而得此暱稱——聽到聲稱不認識強尼．歐拉的哥哥弗雷多，跟另外一名幫派分子說他（弗雷多）過去曾被歐拉帶來看過這個表演的那一幕嗎？此刻麥可領悟到弗雷多一直在偷偷協助歐拉的盟友海門．羅斯，而海門．羅斯一直想摧毀柯里昂家族，還企圖把麥可痛毆一頓？記得麥可發現自己的哥哥居然背叛他時，眼中顯露的驚愕與沉痛嗎？

嗯，那天晚上，派特把一大盤熱氣騰騰的扇貝放到桌上，而我開始領悟到我的家人不會去吃的那一刻，我心裡就是這種感受……

好啦，其實也沒那麼嚴重。我太太吃了幾顆，我太太的表弟榮恩．安格曼勇敢地犧牲自我，吃了六顆左右吧。但是其他人，包括我自己的女兒——**我自己的女兒！**——都澈底背叛我，一顆也沒吃！而派特時不時就從廚房出來看

貝瑞的鏡外音

㉓ 專業術語為「橫桁」。

看，我們總是說：「嗯！好吃！」

但是在餐飲界有句俗話說：「盤子不說謊。」而我們的盤子裡的確還有很多扇貝。事實上，裡面的扇貝似乎比一開始還要**多**，彷彿這些扇貝在融化的奶油裡會繁殖一樣。如果你不相信煮熟的扇貝會繁殖，容我提醒你，你之前還不知道扇貝有眼睛呢！

我們走投無路，只好把扇貝藏在沙拉和配菜下面，但是也無法藏下所有的扇貝，因為沙拉和配菜幾乎都吃光了。時間越來越緊迫，派特馬上就會發現我們大多數人根本沒碰她精心準備、引以為傲的主菜。我們死定了。

還記得《第一滴血2》中藍波用降落傘空降至越南叢林裡，然後上身赤裸的他不顧自身安危，靠著一把刀和弓箭、後來還有一把RPG火箭筒和一架攻擊直升機，神奇地拯救了一群美軍戰俘，還獨自摧毀了百分之八十左右的越南軍力嗎？

嗯，這般無私的勇氣非常類似當晚在「美妙動感」上發生的情況，也就是我太太的表弟榮恩——他其實可以誠實地跟派特說他吃了很多扇貝，然後讓我們其他人被丟下船——英勇地把一大堆扇貝堆在自己的盤子裡，然後冒著被派特看到的風險，溜到船邊，把扇貝丟進海裡。

我們無法確定水中發生了什麼事，也許船下的海底有活著的扇貝，用牠們無數的眼球看著那些被丟棄的扇貝慢慢往下沉，也許還會因此而心理受創（「我的天啊，那是蓋瑞嗎？他們殺了蓋瑞！」）。

但這不過是揣測，我們只知道，當榮恩拿著空盤子一臉非常愧疚地從船邊溜回來時，船艙門口出現了一個人影。幸好是奉福船長。他以訓練有素的水手之眼瞧了一下，立刻知道是什麼狀況。幾秒鐘後，派特出現了。她審查一眼那空了的盤子，然後在我們為這頓美妙的晚餐讚不絕口與千恩萬謝時高興地眉開眼笑。

奉福船長只是微笑。

說謊也可能是正確的選擇？

我的重點就是：我們沒跟派特說實話，甚至還說謊。但這是那種你並非為了自己的好處、而是為了避免傷害對方的感情而說的謊，就像是你太太問你喜不喜歡她的髮型，而你喜不喜歡都不重要，你必須說**你喜歡她的髮型**。

如果老婆問你有沒有在偷瞄別的女人，你也**可以**說謊。原因是：

一、你不想傷害老婆的感情。

二、你對別的女人不是真的感興趣，因為你愛你老婆，但是你的神經系統還是會強迫你去看別的女人，因為百萬年的演化已把你變成一隻噁心的豬。

三、反正你老婆也知道你在說謊。

四、你老婆也總是在偷瞄別的男人，只是你不知道，因為她採用一種女性獨有、幾乎察覺不到的祕密生物能力——科學家認為其中牽涉到動情素、紅外線和聲納系統——能夠於夜間、在五十公尺的範圍內，精確評估一個男人眼睛的顏色和那話兒的大小（精確度達到立方公分），而且眼睛**根本不用往那男人的方向看**。

如果你是家長，也有合理的原因去說謊。比如你正在看電視上的球賽，廣告時六歲的比利問你威而鋼是什麼，這時你不能誠實回答。第一，你沒有小孩叫做比利。第二，六歲的小孩還無法了解勃起功能障礙。負責任的做法就是對孩子說一個天真的謊，像是「不知道耶」，或是「閉嘴，我在看球賽」，或是「去問你媽。」

同樣地，如果你的孩子問你有沒有碰過毒品，你不能回答：「你不會**相信**如果你瞪著蠟燭的火焰三小時會看到什麼！」就算你這個時候**正在**捲大麻菸，正確的回答依舊是：「沒有。」（或是「去問你媽」也可以。）

還有一個可以說謊的場合，是當兩對互相認識、但不是很熟的情侶，在電影院碰巧相遇。表面寒暄幾句之後，顯然已無話可說，傳統上雙方的女性代表就會用誠摯假裝出來的熱情說——偶爾還異口同聲——「我們再找時間約出來吧！每次都說要約，但沒約成，這次**一定**要約到！」扯這種彌天大謊也是可以的，因為真相太令人尷尬，也就是：「我們用三分鐘就講完了雙方都感興趣的話題，所以至少兩年不需要再交談。」

還有，如果有人問你會不會覺得他很白痴，就算你真的覺得那人很白痴，最好也說不會。

還有，如果有人傳給你什麼笑話，就算你只是 OMA（稍微有點想笑），也可以回覆 LOL。

還有，如果有人送你禮物，就算你不喜歡，仍舊應該說你很喜歡。唯一的例外是老公送給老婆一樣明顯是買給自己的禮物。比如說，我有個報界同事，曾送給老婆一把鏈鋸當聖誕禮物。我不是說女人不會想擁有一把鏈鋸，我深信很多女人會很高興收到一把鏈鋸，但是我同事的老婆絕非其中之一。她沒有裝出一副很高興的樣子，而我同事算幸運，沒被他老婆用新禮物肢解。

說謊的後果沒有最糟，只有更糟

我還可以舉出更多例子，但是你應該了解我的意思了：在某些情況下，說謊比不說謊要好。這類的謊言不是為了自己的利益，而是為了避免傷害對方的感情。除此之外，誠實待人還是最好的選擇——對對方好，也對自己好。

所以露西在這一章教我的狗哲理是：

露西的狗哲理 7

不要說謊，除非你有非常正當的理由，但這應該不太可能。

為什麼不應該為了自己的利益而說謊呢？有兩個原因：

一、這樣做不對。

二、這樣做很笨。

為什麼說謊不對呢？因為即使說謊幫助了你，你仍舊欺騙了對方，而這會破壞人與人之間的信任。如果無法彼此信任，就無法一起共事，無法跟彼此學習，無法同歡共樂，無法相親相愛。說謊會使世界更加險惡、更形醜陋。

我們都知道這一點，卻還是會說謊。我們總覺得說個小謊無所謂，反正不是**真的**有惡意，而且我們夠聰明，對方不會知道我們在說謊。短期看來，也許真是如此。但如果你一直說謊，很容易養成習慣，最後變成一個險惡醜陋的人——不誠實、不可靠、不光明正大、不知道自己是誰、害怕被人拆穿。這已經夠糟了，但情況還會更糟。如果你總是說謊，無論你覺得自己多聰明，人們終究會看穿你。這就是為什麼說謊除了不對，還很愚笨：無論你覺得能從欺騙中獲得什麼好處，最後都是一場空，**而且**人們還會知道你是個騙子。尤其是你習慣靠說謊來加深別人對你的印象，最後反而只會留下壞印象。

說實話比說謊話更簡單

人真的不喜歡被欺騙。根據我的經驗，如果你做錯了事，並勇於承認，別人很容易原諒你；但如果你做錯了事還說謊，那麼別人就不太願意原諒你了。這就是為什麼華盛頓特區這麼不受人喜愛，沒有哪個機構比聯邦政府更無能，但領導聯邦政府的人——無論哪個黨派——都會說他們從來沒有犯過錯。我們當然**不**相信他們；無論他們自認有多聰明，大眾都鄙視嘲笑他們。

所以不要學政治領袖，學學露西。俗話說得好：做錯了，就認錯。盡可能說實話，不要怕說出：

我錯了。

我犯了一個錯。

對不起。

我道歉。

我不是說對方一定會原諒你，但至少對方會知道，而你也會知道：你沒有說謊。

就跟露西教我的其他狗哲理一樣，我也一直在思考自己這個部分是否要再改進。我覺得我是個相當誠實的人，當然啦，在記者生涯中，我寫過上千篇充滿謊言的專欄，但除了那些有「幽默感障礙」的人之外，我想大多數的讀者都知道我在開玩笑。

在私人生活中，我也會盡量說實話。我覺得這是變老的好處之一，小孩子雖然天真無邪，卻老是在說謊，為了誇耀、為了避免受罰、或者只是為了好玩。而人變老之後，除非是生來就要加入國家領導階層的人，否則大多數都會發現說謊的壞處，以及說實話其實**更簡單**。

我想這條狗哲理我已經銘記在心，不過我還可以做得更好。我是很誠實，但是出於傲慢和固執，我還是不願意那麼快認錯，也不願意那麼快道歉；這一點我還需要改進。所以就從此時此刻、從以下這則道歉啟事開始：

派特，如果妳在看這本書，我很抱歉那天晚上對妳說謊。當時說謊似乎是正確的選擇，我現在依舊覺得當時說謊也許真的是正確的做法。但是我在這本書裡說出了真相，揭穿了謊言。我希望妳聽完這個故事會莞爾一笑，畢竟是那麼久以前的事了，而且妳知道我們一家人有多愛妳。如果妳笑不出來，我是真心感到抱歉。妳是個出色的導遊和廚師，我們一定會再跟妳一起坐船出遊的。而且下一次，我會試試妳煮的扇貝。

好啦，最後一句是假的。

結語

問題不在於知道不知道，而是能不能做到

接下來要「算總帳」，

請不要看到「結語」就把書闔上啊！

我對勵志書一向抱持懷疑的態度。幾十年來，在新書宣傳活動和書展上，我遇過不少勵志書作家，而其中大多數在我眼中並非稱職、優秀或甚至理智的人。

多年前，在一個晨間電視節目的現場，我看到一位勵志書作家走到鏡頭前，用平靜、自信、權威的語調告訴觀眾，應該如何改變自己的生活，以變成更快樂、更好的人。幾分鐘後，在後臺的休息室裡，這位作家大吼大叫、雙眼凸出、亂丟水瓶，對他的公關經理大發雷霆，就只因為他有一場電臺訪問被取消了——你看了大概會以為這個公關經理謀殺了他全家，**還**吃了他的貓。

我跟不少書籍公關人員聊過，其實這種狀況並不少見。我不是說所有勵志書作家都是虛偽的混蛋，只顧著自己的福利，但有一定比例的勵志書作家是如此，甚至在出版界已成為笑話。

所以啦，我對勵志書抱持懷疑的態度。

而現在我自己寫了一本。

話說回來，我期待這本書成為一本聊狗、人和人生，同時又有趣的書，而我衷心希望自己達到了這個目標。不過本書也屬於勵志類，而且不可否認，也許還有一點說教的成分。所以，請容我在此強調，**我不認為自己是個智者，也不是什麼權威，我唯一稱得上權威的事情，也許是一九六三年「海灘男孩」那張以車子命名的專輯歌詞**。我絕不認為自己有資格告訴你該怎麼過你的人生，我之所以寫這本書，是因為我覺得即使自己年紀漸長，也應該可以過得很快樂，而也許我可以從家裡那隻年老但依舊快樂的狗身上學到有用的態度和做法。

我也不會說這七條狗哲理有多偉大，或是多有創意，這全都是顯而易見的常識。然而我的問題不在於知不知道，而是我無法學以致用。

但我試著做得更好，我希望用這本勵志書鼓勵自己。所以，我覺得在書本結尾，可以評鑑一下我在露西教我的七條狗哲理上表現得如何。

露西的狗哲理 1

結交新朋友，並且留住老朋友。

「留住老朋友」我做得比「結交新朋友」好。我現在努力跟老朋友保持聯絡，有時候就只為了打聲招呼而打個電話，這種事我以前從來不做。我還舉辦了一個大型的慶生會，這也是我過去從來不做的事。許多老朋友都來了，我們盡情地狂歡（以老年人的標準來看），那個週末留下的溫馨喜悅陪伴了我好幾個月。我愛我的朋友；這件事再明顯不過，但我到了七十歲才深刻明瞭這個事實。

「結交新朋友」我就做得沒那麼好了。露西一向外向活潑，但我不一樣，我依舊不太願意認識新人，更別說跟對方成為朋友了。不過，顯然不是只有我才如此。我問過好幾個跟我年紀相當的男人是否還有結交新朋友，他們的回答都是沒有，就像其中一位說的：「我不**想要**更多朋友，就連現有的朋友我都不確定想不想要。」這是非常典型的答覆，也許這是老男人的問題。

但是我想要改進。也許我得找些嗜好，這樣就不得不認識新人，像是高爾夫球。不過，如此一來，我遇到的人就都是高爾夫球迷。他們會想聊高爾夫球桿，還有如何在第十四洞柏忌一個老鷹小鳥……我已經開始痛恨他們了。

看吧？在這方面我還有困難，得再努力一點。

【我的成績：C】

露西的狗哲理 2

不要停止享受樂趣。如果你已經停止了，就重新開始擁抱樂趣。

這一點我做得好多了。就在這一刻，已經好幾年沒演出的「超沒天分搖滾樂團」正在為一場書展的表演做準備。我所謂「準備」不是「事先練習」或

「確定要演奏那些曲目」，而是「每隔一段時間就寫一次電子郵件詢問表演是哪一天」。但是我們似乎已經下定決心，所以，我們即將回到舞臺上：一群老年人撥弄著樂器，試著記住歌詞，同時在健康允許的範圍內，盡可能做到動感有勁。一定會很好玩。

被露西啟發去尋找樂趣後，我還跟伊利諾州阿科拉的世界知名草坪養護員重新取得聯繫。我的計畫是去參加二〇一七年掃帚玉米節的遊行，我甚至還說服了兩個朋友麥可・彼得斯和榮恩・安格曼——這兩人我在書中都提到過——跟我一起去，可惜這個計畫被艾瑪颶風（本書也提過）所阻撓。但我決意在二〇一八年再次加入養護員。生命太短暫，不去做做這種愚蠢的事就太可惜了。

我也花更多時間跟三歲的孫子狄倫相處。狄倫似乎具有無窮的能力去挖掘樂趣，**任何事**對狄倫來說都樂趣無窮。我們兩個可以躺在地板上，輪流發出放屁的聲音殺死對方，就這樣開心地玩上半個小時。我們有點像國會，只是更有成效。重點是，我現在絕對擁有更多樂趣。

【我的成績：A】

露西的狗哲理 3

把注意力放在你心愛的人身上，此時此刻，不是等一下。

這一點我一直很掙扎，我試著把注意力放在身邊的人身上，放在我心愛的人身上，但我總覺得有別的事情得做，而且我的手機總是在低聲呼喚：「看看我！**看看我！**」我還是太容易分心，每次一分心就浪費數分鐘、甚至數小時，無法挽回。這些時間我本可用來跟家人相處，但顯然在推特上跟不認識的陌生人互動對我來說更重要。

我仍在努力，而且比以前進步了一點。

【我的成績：C+】

露西的狗哲理 4

讓心中的憤怒隨風而逝，除非是真的很重要的事，但機率應該不高。

這一點我也一直在掙扎，但我很努力去改善。比如說，如果車陣中有人插到我前面，我不會再放任自己大發雷霆，因為這樣既沒幫助，也不健康。我會採用禪宗大師的做法，深吸一口氣，然後平靜地、甚至是安詳地想像用裝在車頭的禪宗大炮把那個白痴炸成一團火球。最後吐氣，我就心平氣和了。

我也幾乎不再跟人談論政治，也不再看有線電視那無止無休、危言聳聽的新聞節目。現在我快樂多了。世界也許很糟，但不一直都是這樣嗎？

【我的成績：B-】

露西的狗哲理 5

試著不要以貌取人，也不要太在意自己的外表。

這一點我做得還算不錯。年紀越大，我就越不會從外表去評斷別人，因為每天早上我在鏡子裡看到自己，都會想，**唉呦**。我已經到了覺得「鼻毛長得差不多長還挺性感」的歲數了。

【我的成績：B-】

露西的狗哲理 6

不要把你的快樂建立在物質上；物質不會帶給你真正的快樂，而且你永遠都會嫌不夠。

這一點我做得很不錯。去年我一個新鏡頭都沒買，不再去增加那些我幾乎從來不用的相機鏡頭，還有我的吉他依舊只有七把。我生活裡唯一的新電器是兒子送的：Alexa，一個電腦虛擬女人，住在一個跟網路連線的箱子裡。Alexa 坐在櫃子上，耐心地等我發號施令或問問題，比如說，「Alexa，現在氣溫幾度？」Alexa 會回答：「現在邁阿密氣溫為三十八度。」這完全是多此一舉，因為邁阿密每天都是三十八度。我之所以問，是怕 Alexa 覺得無聊。

我覺得家裡多了個 Alexa 還挺不錯的，但蜜雪兒可不認為。她跟 Alexa 不對盤，像是我跟蜜雪兒說家裡需要啤酒，她會說：「我們還有很多啤酒。」但 Alexa 會立刻說：「我已經把啤酒列入你的購物清單了。」所以囉，她們倆之間氣氛有些緊張。老實說，我覺得蜜雪兒有點吃醋。我跟她說 Alexa 永遠無法取代她，而且我是真心的，儘管假設我想要聽韋恩・方塔納與心靈殺手（Wayne Fontana & the Mindbenders）的〈愛的遊戲〉（*The Game of Love*），Alexa 立刻可以播放給我聽，而蜜雪兒就沒辦法。不過我也只是說說而已。

【我的成績：B+】

露西的狗哲理 7

不要說謊，除非你有非常正當的理由，但這應該不太可能。

我覺得這一點我也做得算不錯。我當然還是偶爾會說謊，但通常都是出於正當理由的善意謊言，像是對看起來不漂亮的人說他看起來很漂亮，或是跟美國國稅局說我有十四個撫養親屬。

開玩笑的啦，國稅局！請不要來查我的帳！我在報稅表上已經正確無誤地聲明我有十一個撫養親屬，包括 Alexa。

說實在的，這一點我做得真不錯。

【我的成績：B】

根據這份成績單，我在生活中實踐的表現大概是B左右；露西的分數當然是A+。牠是一隻快樂可愛的狗，整天都是，每天都是。在牠身邊讓我很快樂，我很難想像生命中沒有牠是什麼樣子。

但我當然得做好準備。露西快十一歲了，大概沒有多少年了。牠走的時候，一定會走得優雅高貴，狗就是如此，不抱怨、不自憐、不懊悔。這又是一條我可以從牠身上學到的哲理，但我還沒準備好。

在此之前，我會加倍珍惜跟露西在一起的時光，讓牠最後這幾年盡可能過得愉快舒適。蘇菲和我一直試圖說服蜜雪兒讓我們再養隻幼犬，這樣我們不在家時，露西就有伴可玩。蜜雪兒一直不同意，說養幼犬很麻煩，尤其是我們的朋友最近買了兩隻拉不拉多幼犬，時不時就跟我們報告小狗的進展，而且每次都用到「到處尿尿」這句話。

但是蘇菲和我——尤其是蘇菲——並沒有放棄，我覺得我們最後一定可以說服蜜雪兒。我們會再買一隻小狗，我姑且先叫牠「小剋星」。剛開始小剋星一定會讓我們手忙腳亂，我們得教牠不要在家裡大小便、不要咬東西、不要爬上家具，但是不用多久，在我們的諄諄教誨與露西的以身作則下（牽涉到白沙發時除外），牠就會知道哪些事情可以做，哪些事情不可以做。

然後，牠就會成為我的老師。

露西＆貝瑞的哲理+1

為你所擁有的心存感激，但你很可能不知道自己擁有什麼

在確實失去以前，

你不會想到「走路」是多麼難能可貴的事。

本來沒有這一章的。

這本書本來應該在上一章〈結語〉後就結束了。那是我寄給編輯普里希拉・潘通（Priscilla Painton）的最終完稿。書寫完了，我說明了每一條狗哲理，最後也用恰當的結語總結。完稿已經過編輯與校對，宣傳用書已經寄給媒體，巡迴促銷活動也計畫好了。

期間我的女兒蘇菲正準備離家去念杜克大學。她很興奮，因為杜克大學是她的第一志願。被杜克大學錄取的時候，她開心得不得了。我跟蜜雪兒知道我們一定會想念她，但我們也為她感到高興，並期待展開空巢期的新生活——我們計畫先去賭城玩幾天。

我們有計畫，一切都順利，生活很美好。

意外突然降臨

八月十八日星期六，我們準備送蘇菲去杜克大學的前兩天，她早上醒來發現自己下半身完全不能動。

就這樣，一夜之間，她無法挪動自己的腿，無法挪動自己的腳趾。

她癱瘓了。

蘇菲沒有什麼生病的徵兆，我們前一晚還出門去跟她外婆一起吃飯慶祝。後來蘇菲跟我們說，吃飯時她覺得腳有點麻麻的，但她想可能只是因為緊張、期待和興奮。

那個星期六早晨，我們第一個想法是她可能是某種焦慮症發作。一定是這樣，我們心想。她是個年輕健康的女性，她沒有生病。

我們跟她這麼說，也跟自己這麼說。

人不會一夜之間癱瘓。

一定只是壓力。

她不會有事的。

但我們很快就發現，無論原因是什麼，癱瘓的症狀並沒有消失。蜜雪兒打電話給蘇菲的醫師，醫師要我們把她送到醫院。我把蘇菲抱到一張有輪子的辦公椅上，把她一路從屋子裡推到車庫，然後把她抱上車。我們開到離家十五分鐘遠的浸信會醫院。醫護人員給了我們一張輪椅，我們接著又把蘇菲一路推到急診室候診區。

蘇菲一點都不恐慌，如果我是她——如果我突然無法挪動自己的雙腳——我一定會抓狂，但是蘇菲很冷靜，甚至偶爾還開個玩笑。我跟她說，傍晚之前她一定可以走出醫院。我深深相信這一點。

她不會有事的。

在候診區等了幾分鐘後，一位神經科醫師出現了，是蘇菲的醫師請來會診的。她對蘇菲進行身體檢查，又問了蘇菲幾個問題。我一直等著她跟我們說不用擔心，症狀只是緊張引起的。

但她沒這麼說，她只說蘇菲需要做 MRI（核磁共振造影），而且是馬上。

於是我們前往核磁共振區。技術人員把蘇菲抬到一個特別的輪床上，問她身上有沒有穿戴任何金屬。她取下耳環，交給蜜雪兒。神經科醫師急迫地在電腦上輸入什麼，一邊跟技術人員說話。她兩次用到一個我以前從來沒聽過真正的醫師用過的詞，頂多是電視電影上的醫師。

她用到的詞是「統計數字」。

他們把蘇菲推進核磁共振室前，我們親吻了她的額頭，說我們就在外面等。她露出一個緊張的微笑，說「好」。然後他們就把她推走了。

我們走進等候室坐下。等候室裡有臺電視，但我們沒心情看。我們沒怎麼說話，因為我們一無所知，只能坐在那裡等待，幾乎無法呼吸。

過了一會兒，神經科醫師來到等候室。她的神情嚴肅，說檢查還沒完全結束，但是就她目前看到的，她覺得應該跟我們談一談。我永遠都不會忘記她接下來說的話。

「情況不樂觀。」

三分之一的機率

蘇菲患了一種叫做「橫斷性脊髓炎」（Transverse Myelitis）[24]的自體免疫疾病。某個東西——也許是病毒，也許是別的東西——刺激了她的免疫系統，免疫系統本來應該去攻擊這個入侵者的，結果卻去攻擊蘇菲的脊髓。

神經科醫師說要立刻進行治療。

她說會盡其所能讓蘇菲——她真的這麼講——「有機會再站起來走路」。

我記得自己聽到這句話時，不由得在座位上往前傾，把臉埋在雙手裡，閉著眼睛，試著消化剛剛聽到的話。

有機會再站起來走路。

神經科醫師回到核磁共振室。我跟蜜雪兒面面相覷，都在想著同一件事：

這不是真的，不可能是真的，她兩天後就要上大學了啊。

貝瑞的鏡外音

24 我不是醫師，請諒解我在本章中對醫學的粗淺理解。

蜜雪兒開始在手機上查詢橫斷性脊髓炎的資訊，以下是她找到的結果：

三分之一的患者得以「復原良好」或「完全康復」。

三分之一的患者可以復原得「不錯」，但是會留下某些「障礙」。

三分之一的患者無法復原，終生得坐輪椅。

這不是真的。

神經科醫師又回來了，說她正要把蘇菲推出核磁共振室，並開始治療。我們立刻衝去看蘇菲。她現在緊張了，聽著神經科醫師解釋狀況，試圖理解到底是怎麼一回事。蜜雪兒跟我試著要她放心，但是無論我們說什麼，都無法推翻殘酷的事實。

情況不樂觀。

醫護人員把蘇菲挪到病床上，推著她在迷宮般的醫院走廊上前進。蜜雪兒跟我走在後面，忍住淚水、忍著胃痛，跟著我們的女兒——我們本當去念杜克大學的女兒——隨後他們把她帶進加護病房。

幾分鐘後，蘇菲就躺在病床上，插著導管，身上許多條導線連接到監視器，手臂上吊著點滴，輸入大劑量的類固醇以減輕脊髓發炎的狀況。他們在她的腹股溝安裝了一個導管，進行所謂「血漿分離術」（plasmapheresis）——有點像洗腎——好把抗體從血漿裡過濾出來。此外還有其他的治療程序。就我所知，他們採用的策略是壓抑蘇菲的免疫系統，好讓身體已受損的部位復原。因為她年紀輕、體能好——她從四歲起就在踢足球了——所以他們選擇採取積極治療（aggressive treatment）。幾乎每隔幾分鐘就會有醫師或護士過來查看監視器，幫她抽血、問她問題、給她吃藥或打針。

與此同時，蜜雪兒跟我則嘗試在驚恐疲憊的狀況下想清楚需要處理哪些事——需要打電話給誰、需要取消那些事、需要從家裡帶來哪些東西。我們不知道蘇菲在醫院要待多久；我們真的什麼都不知道。

這不是真的。

扮演積極樂觀的父親

我們的生活變成一場無法入眠的惡夢。蜜雪兒待在蘇菲身邊——她不願意離開蘇菲——我則在病房內外溝通、安排事情。我在加護病房的走廊上巡梭，攔截訪客[25]，一通接一通地打電話。我記得打電話到位在杜倫的倉儲租賃公司（我們事先把蘇菲上大學要用的東西寄過去了），告訴對方我女兒住院，無法在預定日期去取她的東西，而且也無法跟二〇二二屆的同學一起去念杜克大學。這時我崩潰了，在電話上對著一個陌生人啜泣，覺得很尷尬。

「對不起。」我說。

「沒關係。」對方說，「希望你的女兒早日康復。」

貝瑞的鏡外音

25 這些訪客多是突然來到醫院、想探望蘇菲的朋友。他們是好意，我也愛他們，但是：不事先通知一下就來探望在加護病房治療的病人，不是很恰當的做法。這些病人已經要面對生理與心理的創傷，沒有必要再給他們加上社交的負擔。所以囉，如果你想探望住院的親友，先詢問一下病人是否可接受訪客。如果病人不接受訪客，也不用覺得不高興，記住：此時的焦點不是你。

「謝謝。」說完我掛上電話，因為我又崩潰了。

我崩潰了好幾次，但是在蘇菲的病房裡我沒崩潰，因為我必須竭盡所能地扮演積極樂觀、幽默詼諧的父親角色。可是在醫院走廊上，一遍又一遍地在電話裡解釋蘇菲的狀況，我總是一次又一次地崩潰。

我打電話給我兒子、兄弟、朋友，告訴他們發生了什麼事，聽著他們聲音中的震驚。

他們全都問我同一句話：「有什麼我可以幫忙的嗎？」

但是他們什麼忙都幫不上。如果還有什麼其他辦法，我跟蜜雪兒早就做了，然而我們卻什麼都幫不了，無助地看著自己的孩子受苦，是最殘忍的折磨。為了讓孩子好受一點，你會不顧一切。全天下的父母都知道：如果可以，你會很樂意跟你的孩子交換。

讓我生病吧，讓我癱瘓吧。

但是你沒權選擇。你只能眼睜睜看著自己的孩子受苦，試著接受這個殘酷的事實，什麼忙也幫不上，除了盡其所能地保持樂觀，儘管你根本沒有理由保持樂觀。

有機會再站起來走路。

醫師一直問蘇菲同樣的問題。

「妳可以動妳的腳趾嗎？」

「這樣妳有感覺嗎？」

一遍又一遍地，蘇菲只能回答，她動不了腳趾，她沒有感覺。

一遍又一遍地，她只能如此回答。一遍又一遍，一天又一天，我們全盯著蘇菲赤裸靜止的腳趾，而她只能如此回答。

三分之一的人無法復原。

蘇菲從不抱怨，無論是醫師的問題或治療的過程，對什麼都無怨無尤。她很害怕，但從不恐慌。她不怨天尤人，也沒大發雷霆。她沒有一次問：「為什麼是我？」她對每個走進病房的人都露出微笑；她謝謝每位醫師和護士，甚至只給她打過一針的醫護人員也不例外。她比我還要堅強勇敢。

蜜雪兒也是。她從不離開蘇菲，毫不歇息地看守心愛的女兒。她一晚接一晚地睡在躺椅上，這樣夜間一點四十八、三點三十七，或其他似乎不固定的時間，只要有醫護人員來給蘇菲做檢查或治療，她都可以陪在蘇菲身邊。

我則晚上回家，照料一下屋子、檢查一下信件、帶露西去散步（白天我們請人來看牠）、試著睡一下。但是——全天下的父母也都知道——孩子如果在受苦，你怎麼樣也睡不好。如果睡著了，反而會更難受，因為你醒來時，會有幾秒鐘以為一切都很正常，然後你想起自己的孩子，又陷入低潮，胃又開始絞痛，甚至有那麼短短一瞬間，希望可以回到昏睡狀態。

我的世界一分為二

身處在這種狀況，你會看到兩個世界。一個是正常的世界，其他人似乎都在那個世界裡——你以前也在那個世界裡——去工作、買菜、看電視新聞、指導小孩寫功課、把車送去維修、談笑、八卦、計畫未來等等，任何在正常生活中會做的事。在正常的世界裡，你可以感到快樂。

如果你的孩子在受苦，那你就完全處在另外一個世界裡，醫院的世界，一個壓抑、慘澹、孤立的世界。正常世界的事物對你來說一點意義也沒有，你不關心電視新聞，不關心總統說了什麼，不關心他被批評了什麼，也不關心新聞節目上的人的看法；你不在乎車子需要維修，不在乎屋頂漏水；你不會計畫未來；你什麼人都不想見；你不在意自己的穿著，不在意自己是否有睡覺，也不在意自己上一餐是什麼時候吃的。

你只關心自己的孩子。我們時時刻刻想的只有蘇菲、蘇菲的雙腿、蘇菲的腳趾。蘇菲睡著時，蜜雪兒會輕聲對我說：「我只希望她好起來，其他什麼都不要。我寧可一輩子住在帳篷裡，我只希望她好起來。」

我努力懷抱希望，但我離絕望太近。蘇菲住進加護病房的第三天是星期一，這天我們本來應該跟蘇菲坐飛機去杜克大學的。在開車去醫院的路上，我經過日落小學，蘇菲在這裡從幼稚園一直念到小學。那天剛好也是邁阿密戴德郡的開學日，我在小學前面的紅燈停下來，看著家長陪著小孩過馬路。蜜雪兒跟我也曾帶著蘇菲走過這條斑馬線，就在這個紅綠燈，不下上千次。坐在車裡，看著那些小孩擺動他們健康活躍的小腿，走過那條我健康快樂的小女兒也曾走過的馬路，我突然感到一陣無助與恐懼，只想從這個地球上消失。

而這是為人父母又一個無權選擇之處，你只能深吸一口氣，等綠燈亮起，繼續從正常的世界開往醫院的世界，去陪伴你的孩子，因為這是你唯一能做的。

醫院世界是一個怪異不安的世界，時間的流逝不是以分鐘和小時計算，也不是以白天和夜晚來標示，而是以醫療程序來分段——下一次打針、下一次抽血、下一次血漿分離、下一次X光、可怕的腰椎穿刺——而這些醫療程序似乎隨時都可以進行，沒人確定會安排在什麼時候。你只能等待，這就是你大部分在做的事。

你沒有隱私。人們進進出出你的病房，護士、餐飲人員、打掃人員、行政人員、職能治療師、物理治療師，當然還有各種不同的醫師：神經科醫師、腎臟科醫師、血液科醫師、感染科醫師、內科醫師等等。醫護人員來訪時會遵照一定的程序：先在門上敲兩聲，然後在你回應之前，就走了進來，無論清早或深夜。有些人你認識，有些人你不認識。一陣子之後，你就會習慣這永無止境的醫護探訪，毫不質疑地任由他們做該做的工作。

我的新工作：兩棲爬蟲學家

我在醫院裡常開一個玩笑——我總是扮演幽默老爸的角色，好讓蘇菲開心一點——就是我打算在醫院裡隨意走動，到其他病人的房門口敲兩聲，然後自我介紹說是醫院的兩棲爬蟲學家。我會走進去，問些醫師常問的問題，像是「有任何改變嗎？有那裡痛嗎？」說不定再量個脈搏，然後離開。我相信醫院裡百分之九十五的病人會相信我是醫師，尤其是我總穿著襯衫和卡其褲。如果我能搞清楚如何讓保險公司接受兩棲爬蟲學家的帳單，我就可以大賺一筆了。

我花很多時間去娛樂蘇菲，因為在每次醫療程序的間隔，醫院世界是很無聊的。你可以看電視，但白天播放的只有內容不斷重複的新聞節目，或是極度空虛愚蠢的實境秀，像是《我的夢幻婚紗》裡待嫁新娘煩惱該買哪一件禮服，頭痛的程度似乎更甚選一個老公。

我們一起看了許多集的《我的夢幻婚紗》，還有一個叫做《省錢折價王》的節目，裡面講喜歡使用優惠券省錢的人，儘管這個策略表示你會從超市買回二十七箱 Tabasco 辣椒醬和足以用六十三年的衛生棉條。

我們還一起追劇，看了《六人行》、《俏妞報到》，還有一個冷門的益智節目《競猜王》（*The Chase*）。蘇菲跟我還玩了填字遊戲，而且不是我自誇，我們兩人都成了填字遊戲高手。我不知道有多少十八歲的年輕人知道「姓費茲潔拉（Fitzgerald）的歌手」是誰——答案是「艾拉」——但蘇菲．貝瑞絕對知道。

這就是我們在醫院世界打發時間的方式，盡可能地輕鬆愉快，直到下一次的醫療程序、下一次打針、下一次醫師敲門兩聲然後問蘇菲能不能動腳趾。

她還是無法動腳趾。一個星期過去了，感覺蘇菲已經被問過一百次能不能動腳趾，每一次我們都會盯著她赤裸的雙腳。

一點動靜也沒有。

「對不起。」蘇菲會說。

「沒關係！」我們會說，「再等一陣子！」

但是隨著日子一天一天過去，我們的疑慮越來越深，至少我的疑慮越來越深了。我沒跟蜜雪兒說，可是夜深人靜時，我躺在床上，那可怕的預感總會鑽入我失眠的腦海。

如果最後的結果就是這樣，怎麼辦？

無神論者的祈禱

這段期間，蜜雪兒跟我從親友收到上百封的簡訊、郵件和電話，詢問蘇菲的進展。「我們時時刻刻都惦記著她，」他們說，「為她祈禱。」

這絕對不是隨便說說，因為蘇菲人緣真的很好。我知道我這個當爸爸的不算客觀，但是認識蘇菲的人都會說：蘇菲真的是個很好的人。而且聰明、風趣，甚至有點靜不下來，然而真的使她與眾不同的是她的人格——她從小就是如此。她從不刻薄或是惡意傷害別人；她大方、細心、親切，從來沒讓朋友失望過，而她有很多很多朋友。她人真的很**好**。

因此她生病的消息一傳開來，大家都非常震驚，恐怕任何人——即使是我——都不會得到這麼大的迴響。人們無法接受這樣的**不公**發生在這個非凡的年輕女性、這個美麗的靈魂身上，於是他們為她祈禱，寄來表達愛與希望與鼓勵的訊息，還有迫切希望能夠幫上什麼忙。

我的朋友瑞德利．皮爾森在最初幾天寄了郵件給我：

> 我為你們祈禱。我知道你覺得祈禱沒用，但我非得做點什麼。

瑞德利知道我是無神論者。我回覆他：

> 老兄，我接受你所有的祈禱。我也在祈禱，我一直說「拜託」。我不知道有沒有誰在聽，但是我在說。

這是真的。我一直在說「拜託」，在醫院走廊上、車上、家裡，拜託讓蘇菲康復。先講清楚：我依舊是無神論者。我覺得如果世界上真有一個慈善全能的神能夠讓蘇菲康復，那麼祂一開始就不該讓這種事發生在蘇菲身上。但我還是一直說「拜託」，也許會有用，因為就像瑞德利說的，我非得做點什麼。

我還做了其他的事，奇怪的事，所謂吉利和不吉利的事，像是走同樣的路線進入和離開醫院，或是避免去看醫院牆壁上的某些照片。真的，我知道這是迷信，甚至瘋狂，但我還是做了，也許會有用。

十天過去，蘇菲的雙腿還是沒有進展。我真想在她床上放塊牌子：**她無法動腳趾，如果動了，我們會通知你**。這樣醫師就不用老是問同樣的問題。

在這個狹小的醫院世界裡，我們努力轉移她的心思。我們有自己才懂的笑話，內容不外乎醫院裡令人無法理解的時間表、《我的夢幻婚紗》、還有那些總是送來大箱食物的朋友，量多到我們，甚至是匹茲堡鋼人隊，都吃不完（我們有很多猶太朋友）。志工帶來醫院鼓舞病人的治療狗也為蘇菲帶來一點歡樂。我有一張治療狗「克魯」陪伴蘇菲的照片；克魯是在入院第十天來探望蘇菲的。

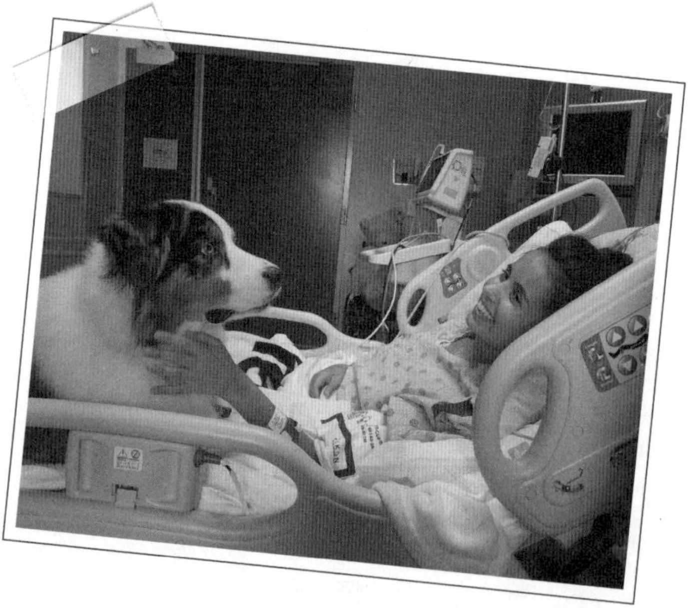

動了！腳趾動了！

照完這張照片的隔天早上，我在失眠了一整晚後開車前往醫院。我在南邁阿密等紅綠燈，準備要上一號公路，忽然我的手機響了，是蜜雪兒。

她說：「蘇菲動了她的腿。」

我不知道蜜雪兒接下來還說了什麼，因為我只是不停地大叫**太好了！太好了！太好了！**接著我把車停到路邊，開始嚎啕大哭。這樣講聽起來有點太誇張，但這是真的：蜜雪兒打電話來的那一刻，是我這輩子最幸福的一刻。我那時才領悟到，自己有多害怕永遠不會聽到這句話。

我擦乾眼淚，平靜下來，飛快開去醫院（但還是從吉利的路線進入醫院）。我衝進蘇菲的病房，站在蜜雪兒旁邊，看著蘇菲使勁讓左膝蓋明顯地往旁邊挪動了一公分，再挪回來，然後再挪過去，再挪回來。

蘇菲說：「我的腿在動。」

然後我又哭了，但是我不介意讓蘇菲看到，因為這是喜極而泣的眼淚。

蘇菲只動了一隻腿，而且只動了一公分。她還是不能走路，連坐起來都辦不到。沒有人能保證她會康復，但不知道是什麼，也許是醫療、祈禱、或是治療狗克魯，讓蘇菲好轉了一點點，現在我們有理由懷抱希望。

從那天早上起，我們一天比一比更有希望，因為蘇菲一直在進步，儘管一次只能動一點點肌肉。我們慶祝每一回的進展；最後她終於可以為醫師扭動她的腳趾時，我們都雀躍不已。

白痴卻充滿希望的遊行隊伍

另外一個進展就是蘇菲不用再插著點滴和連接著各種監視器了，因此也不用再躺在床上。她還獲得外出的特權，也就是她可以坐在輪椅上，被我們推出醫院大樓，在院區四處走動。九月一日那天，我們第一次外出，走過蘇菲於八月十八日被送進醫院時經過的大門。只不過是兩個星期以前，對我們來說卻彷彿是一輩子。一起推著蘇菲出去散步的還有她哥哥羅伯、嫂子蘿拉、姪子狄倫，還有蜜雪兒跟我。蘇菲還帶著我們吟唱：

蘇菲：我說「外出」，你們說「特權」。外出！

一行人：特權！

蘇菲：外出！

一行人：特權！

蘇菲和她調皮的跟班，就這樣一群人推著她出去散步。蘇菲還拍了張自拍。

沒錯，我們看起來很白痴，但現在我們是充滿希望的白痴。

重新學習走路

三個星期後，蘇菲被轉到神經科的復健中心。這裡的治療重心不是給她灌藥，而是教她的肌肉重新學會怎麼動作。每天四到五次，她跟物理治療師和職能治療師辛苦地重新學習那些多數人想都不想就能完成的動作，

像是坐起來，或是伸手去拿東西而不要跌倒。

蜜雪兒跟我會去復健中心看她、鼓勵她，就跟我們以前在上千場足球賽上看她、鼓舞她一樣，只不過現在我們不是為了出色的傳球或精湛的防守而歡呼，而是為了每一個小小的進展而歡呼，像是她綁著某種特殊的復健支架再度站起來。她不是靠自己的肌力站著，若沒有這個支架，她早就摔倒了，但至少她又站起來了；這一幕讓我們感動不已。

她下一階段使用的支架有點像是裝著輪子的吊帶，讓她多少可以走一點路。之後她又換成各種不同的助行器，但是體積越來越小，因為蘇菲越來越能倚靠自己的雙腿。

最後，那美好的一天終於出現了。蘇菲完全不需要任何協助，可以自己走路了。雖然還有點搖搖晃晃，而且走不遠。

但是她又可以走路了。

在復健中心待了五個星期

露西在後面

後，醫師宣布蘇菲可以回家了，只須定期回來檢查和復健即可。於是，入院四十天後，蘇菲用同樣的方式離開醫院——也就是坐著輪椅——但是一出醫院，她就站起來，自己走去車子旁邊。

這已經是幾個月之前的事了，現在是二〇一八年聖誕節前夕，蘇菲還沒完全復原，仍需要做物理治療。她還要看醫師，還有更多療程要進行，但是她很堅強，而且走路走得很好，甚至還開車，又開始過著幾乎完全正常的生活。一月她將成為杜克大學的新鮮人，展開新的人生階段，從來沒有一個學生比她更急切想展開大學生活。

最棒的大學論文

過去四個月是我生命中最艱困的一段時光，我瘦了好幾公斤，還得了嚴重的纏腰火龍（帶狀皰疹），這個病名雖然好笑，病情本身可一點都不好笑。同時我也深受心理折磨。現在狀況好多了，但我永遠不會忘記剛開始那幾天的黑暗悽慘、痛苦與恐懼。

我無意自怨自艾，這場夢魘對蜜雪兒來說**更加**難熬。我至少還每天回家睡覺，可以在醫院世界外度過幾個小時，可蜜雪兒從沒離開過。無論她每晚在那把醫院躺椅上過夜有多累，她從不放棄，從不倦怠。她是個堅強的母親，是我認識的人之中第二堅強的。

最堅強的是蘇菲。在這整場考驗中，無論她的病況有多可怕或多不穩定，無論她得經歷多少不舒服或不體面的醫療程序，**她從不抱怨**。你想想：她從不抱怨。她從不會太消沉，從沒失去幽默感。蜜雪兒跟我說，一天深夜她倆快睡著時，蘇菲說：「妳知道嗎，媽，這個經歷可以寫成一篇很棒的大學論文。」

不少人對我說，從某個角度來看，這個經歷會幫助蘇菲，帶給她新的觀點，使她更堅強，學會面對逆境。我知道這些人是好意，但我認為蘇菲已經是一個非常善良和明智的人了，她不需要再學一課，更不需要用這麼慘痛的方式。

有些人對我說，上帝自有安排，蘇菲的經歷是祂大計畫的一部分，這也沒有給我帶來多少安慰。這些人也是好意，但是當你看著自己的孩子受苦——你那體貼、善良、大方、從沒傷害過人的孩子——聽到別人說她之所以受苦是有莫名偉大的意義的，對你來說一點幫助都沒有；至少對我沒有幫助。

對「走路」心存感激

我不是說我從這個經驗裡什麼都沒學到，我絕對學到了一個哲理，而且是這輩子最重要的哲理。這不是轉瞬間的領悟，而是慢慢體會的，一開始我還不願意接受，但最後我深深相信這個哲理：

露西&貝瑞的哲理+1

為你所擁有的心存感激，你擁有的往往比你以為的還要多。

蘇菲剛生病時，感激是我絕對不可能懷有的情緒。我當時只覺得震驚、恐懼、憤怒，沒什麼好感激的。

但沒多久，我的態度就開始改變，早在蘇菲動了左腿的那個神奇早晨以前。一切都始於各地親友傳來的強烈且不間斷的愛。我感覺到那分愛意，而那在我最需要堅強的時候給予我力量。因此我對這些親友的愛與支持心存感激，而且，沒錯，對他們的祈禱也心存感激。

我也感激蘇菲的醫師，他們不像我，而是熱忱的專家，是真的能夠幫助蘇菲的人。處於驚愕、恐懼與困惑中的我們別無選擇，只能信任他們，而他們也沒有辜負我們的期望。

我深深感激浸信會醫院的工作人員，尤其是護士。如果你住過院就知道，醫師來了又走，但是護士會陪著你；他們看護著你；你需要幫忙時是他們來協助你。他們的工作辛苦耗神，有時候還不怎麼愉快，但他們從沒讓我們失望。蘇菲的每一位護士——蘇菲有過很多護士——都樂觀積極、**體貼入微**。如果你能夠做這種工作，就一定是好人。

我同樣也感激所有的物理治療師和職能治療師，他們對蘇菲太好了，永遠有耐心，且不斷鼓勵她再往前一步，並為她的進步而歡呼。蘇菲出院那天，我們擁抱他們，就如同擁抱家人，因為他們感覺就像家人。我永遠都為他們的付出心存感激。

我也深深感激杜克大學。我以前痛恨杜克大學，因為杜克的男子籃球隊總是擊敗我支持的籃球隊。他們錄取蘇菲的時候，我就不再恨他們了，但我也沒有因此**喜歡**杜克。直到那天早上，我從加護病房打電話給杜克大學的學務長蘇．瓦希歐勒，用哽咽的聲音告訴她，蘇菲無法跟二〇二二屆的學生一起入學。打電話的時候，我害怕一夜之間失去這麼多的蘇菲，會再失去入學的機會，那是她最嚮往的學校。我永遠不會忘記蘇學務長（大家都如此稱呼她）說：「請轉告蘇菲不用擔心，杜克大學已經屹立這麼久了，等她準備好，我們依舊會在這裡等著。」因此在一切都不樂觀之際，我至少還能給蘇菲這一個好消息。而現在，我熱愛杜克。

當然，我最感激的，是看到蘇菲又能走路了。走路是如此平凡普通的動作，蘇菲癱瘓之前，我從沒多想過什麼，然後，走路突然變成世界上最珍貴的事。現在我每次看到蘇菲走進房間，都心存感激。我想我會慢慢習慣，但大概永遠不會再覺得走路是理所當然的事。

生命中沒有「理所當然」

我知道我們跟蘇菲的經歷雖然慘痛，但絕不是史上最悲慘的。我跟蜜雪兒常常談到這一點：有些父母永遠沒辦法再看到自己的孩子走路；有些父母的孩子死了。世界上還有許多人，不分年齡，都在經歷可怕的重症，我無意把我們的狀況與之相比。

但是基於這段經歷，我覺得我可以分享我的領悟：

如果你跟你的孩子基本上都健康——如果你們早上醒來可以起床——你應該心存感激；如果你有親友愛著你，你應該心存感激；不要以為這些都是理所當然，這是你生命中最重要的事物。

我不是要你忽視生活上的問題，或是忽視整個世界的問題；我的意思是從**大處**著眼。不要讓新聞或證卷市場或政治或交通左右你的心情；不要讓不認識你的人決定你的感覺；不要因為某個官員或廣播節目主持人或大學教授說了幾句話就相信世界一團亂，或老是忿忿不平、怨天尤人。你自己決定生活是好是壞，而且就從最基本的需求開始判斷：你能四處走動嗎？你有人愛嗎？他們也愛你嗎？你衣食無虞嗎？你有住的地方嗎？

如果這些你都有，那你就有足夠的條件心存感激。如果你的生活中還有笑聲、有音樂、也許偶爾還能看到美麗的夕陽，那你就算是很幸福了。下一次感到壓力大或不快樂時，試著想起這一點。人生永遠有可能變得比此刻更慘。

總之，這就是本書的最後一條哲理。這一條哲理我不是直接跟露西學的，但越是仔細思考，就越覺得其實我本來也可以從露西身上學會這一點。露西就跟大多數的狗一樣，心中懷著滿滿的感激，牠知道什麼是生命中最重要的，也就是牠愛的人。而且牠從不把我們視為理所當然，所以我們每次回到家，無論離開的時間有多短，牠都會全身抖動、開心無比地迎接我們。獨自從醫院回家的那幾個淒涼夜晚，每次開門見到露西散發出的喜悅，總能鼓舞我消沉的心。牠在我們太過空曠的屋子裡跟著我從一個房間走進另一個房間，陪伴著我，守護牠心愛的人，總是帶給我無限安慰。

真的，這就是每隻狗想要的：跟我們在一起。這就是為什麼狗出現在人的生命中，還有為什麼人們愛狗。幾千年來，不知怎地，我們這兩個物種發展出如此特別、如此美妙的關係，一開始也許是基於互利，但是現在，對大多數人來說，是**基於愛**。多美好啊！又是一件值得我們心存感激的事。

高寶書版集團
gobooks.com.tw

新視野 New Window 208

樂得跟狗一樣！瀟灑姊露西的狗哲學，人類也受用

LESSONS FROM LUCY: The Simple Joys of an Old, Happy Dog

作　　者　大衛·貝瑞（Dave Barry）
翻　　譯　羅慕謙
特約編輯　余純菁
助理編輯　陳柔含
封面設計　林政嘉
內文排版　賴姵均
企　　劃　鍾惠鈞

發 行 人　朱凱蕾
出　　版　英屬維京群島商高寶國際有限公司台灣分公司
　　　　　Global Group Holdings, Ltd.
地　　址　台北市內湖區洲子街 88 號 3 樓
網　　址　gobooks.com.tw
電　　話　(02) 27992788
電　　郵　readers@gobooks.com.tw（讀者服務部）
　　　　　pr@gobooks.com.tw（公關諮詢部）
傳　　真　出版部　(02) 27990909　行銷部 (02) 27993088
郵政劃撥　19394552
戶　　名　英屬維京群島商高寶國際有限公司台灣分公司
發　　行　英屬維京群島商高寶國際有限公司台灣分公司
初版日期　2020 年 8 月

LESSONS FROM LUCY: The Simple Joys of an Old, Happy Dog
by Dave Barry

國家圖書館出版品預行編目（CIP）資料

樂得跟狗一樣！瀟灑姊露西的狗哲學，人類也受用 / 大衛・貝瑞作；羅慕謙譯 . -- 初版 . -- 臺北市：高寶國際出版：高寶國際發行，2020.08
　面；　公分 . -- (新視野 208)
譯自： LESSONS FROM LUCY: The Simple Joys of an Old, Happy Dog

ISBN 978-986-361-869-0 (平裝)

1. 生命哲學 2. 自我實現

191.91　　109007844